워싱턴 불렛

Washington Bullets
First published by Leftword
Copyright © 2020 by Vijay Prashad

워싱턴 불렛
CIA, 쿠데타, 암살의 기록

지은이 비자이 프라샤드
옮긴이 심태은
감수   국제전략센터

1판 1쇄 발행 2022년 1월 5일

펴낸곳 두번째테제
펴낸이 장원
등록 2017년 3월 2일 제2017-000034호
주소 (13290) 경기도 성남시 수정구 수정북로 92, 태평동락커뮤니티 301호
전화 031-754-8804 | 팩스 0303-3441-7392
전자우편 secondthesis@gmail.com
페이스북 facebook.com/thesis2
블로그 blog.naver.com/secondthesis

ISBN 979-11-90186-18-6 03900

Washington Bullets

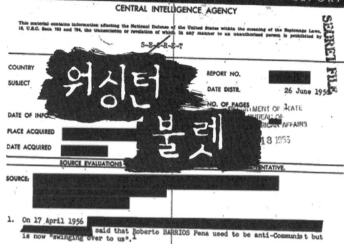

REPORT INFORMATION REPORT

CENTRAL INTELLIGENCE AGENCY

This material contains information affecting the National Defense of the United States within the meaning of the Espionage Laws, 18, U.S.C. Secs. 793 and 794, the transmission or revelation of which in any manner to an unauthorized person is prohibited by

S-E-C-R-E-T

COUNTRY	REPORT NO.
SUBJECT	DATE DISTR. 26 June 1956
	NO. OF PAGES
DATE OF INFO.	
PLACE ACQUIRED	
DATE ACQUIRED	18 1956

SOURCE EVALUATIONS

SOURCE:

1. On 17 April 1956 said that Roberto BARRIOS Pena used to be anti-Communist but is now "swinging over to us".¹

2. On 18 May
   Roberto BARRIOS Pena, the Director of the Instituto Civico Militar, has been persuaded by some leftist students into thinking that he is a possible presidential candidate and, based on this, he has become involved in opposition activities against the Guatemalan Government. Roberto BARRIOS has two brothers, Ricardo and Carlos Enrique BARRIOS Pena, who occupy the positions of Director of the Instituto _____ de Seguridad Social (IGSS), Guatemalan Government Social _____ Chief of the First Bureau of the Guatemalan Army G-2,

비자이 프라샤드 지음

심태은 옮김

국제전략센터 감수

to the Dominican Republic, ostensibly _____ alleged aid which TRUJILLO might be willing to _____ President Carlos CASTILLO Armas. Upon his arrival there, _____ that he has been "offered" the position of Guatemalan Consul to the Dominican Republic and that he _____ activities. If BARRIOS refuses, he will then be to _____ leave the Dominican Republic.²

1. Comment. It has also been reported that _____ a member of the Central Committee of the underground PGT.

2. Roberto BARRIOS was reportedly involved in the January 1955 movement against the government which was led by Colonel Francisco COSENZA Galves who is still in exile in Costa Rica, where he is reported to be involved in a movement directed against the Guatemalan Government.

APPROVED FOR RELEASE
DATE: NOV 2001

S-E-C-R-E-T

X	NAVY	X	AIR	X	FBI	AEC

NND 001038- 134

ON REPORT INFORMATION REPO

5
2

명확한 반제국주의 입장으로

늘 내게 지침이 되어 주는 프라카시 카라트Prakash Karat에게

일러두기

1. 이 책은 인도 Leftword 출판사에서 2020년 출간한 *Washington Bullets*를 한국어로 완역한 것이다. 여기에 더하여 연대기와 인명 목록을 추가하였다.

2. 본문에 나오는 이탤릭체는 볼드체로 표기했으며, 책과 잡지 제목에는《 》, 신문, 보고서, 시 제목은〈 〉로 표기하였다. 옮긴이가 이해를 돕기 위해 삽입한 문구는 [ ]로 표시하였다.

3. 본문에 나오는 주는 모두 옮긴이 주다. 독자 편의를 위해 주를 추가하였다.

4. 외국 인명, 지명은 국립국어원의 외래어 표기법과 용례를 따랐다. 다만 국내에서 이미 굳어진 인명과 지명의 경우 통용되는 표기로 옮겼다. 의미 전달을 위해 필요한 경우 원어나 한자를 병기했다.

한국 독자들에게

2021년 2월 말, 나는 아우구스토 피노체트 군사독재의 희생 자들이 묻힌 칠레 산티아고 레콜레타Recoleta 묘지에 참배를 하러 갔다. 희생자를 기리는 대형 기념비 주변에는 대부분 최근 설치된 것으로 보이는 표지판이 세워져 있었다. 각 표지판에는 거의 50년 전에 실종된 사람의 빛바랜 사진과 함께 "이들은 어디에 있는가.Donde Esta"라고 쓰여 있었다. 유해를 어디에서도 찾을 수 없는 이들의 이름 아래 있는 오래된 사진 옆에는 꽃이 놓여 있었다. 1973년 9월 11일, 피노체트의 쿠데타가 일어났고 이후 수립된 피노체트 정권은 어떤 형태로든 사회주의 지도자 살바도르 아엔데의 민중연합 정부를 지지했던 수많은 요주의 인물들을 미국 정부의 비호 아래 구속, 고문, 처형했다. 산티아고 레콜레타 묘지에서, 쿠데타 이후 군사독재 정권에 무자비하게 살해된 이들의 유족과의 대화에서, 워싱턴이 발사한 총탄의 영향을 고스란히 느낄 수 있었다.

참배를 마치고 저녁에 돌아왔을 때, 새로 출범한 미국 조 바이든 정부가 이라크 국경과 인접한 시리아 지역을 공습했다는 뉴스가 나오고 있었다. 당시 미국 정부는 공습을 단행한 이유로 공습 대상이 이라크 에르빌Erbil 국제공항에 있는 미군 기지에 로켓포 공격을 가한 책임이 있을 가능성이 있었기 때문이라고 설명했다. 이 "가능성"이라는 단어는 다분히 의도적으로 사용된 것이다. 미국 정부는 로켓포 공격을 한 세력에게 공격이 명중했음을 "자신한다."며 이들에 대한 공격이 미국의 "정당방위"라고 말했다. 전세계 기업 언론은 이러한 근거를 진지하게 받아들였으며 다음과 같은 당연한 질문은 하지도 않았다.

1. 에르빌 국제공항을 공격한 세력에 공격을 명중시켰다고 상당히 "자신"하는 믿을 만한 근거를 제시했는가?
2. 미국이 본토에서 수천 킬로미터 떨어진 시리아에 있는 대상을 공격하고 이것을 "정당방위"라고 부르는 근거는 무엇인가?

미국 정부 기관이 주관하는 기자회견에서 이런 질문은 나오지 않았다. 기관의 발표는 있는 그대로 받아들여졌다. 기업 언론은 이것을 확대 재생산하며 미국 정부의 정보 전쟁에 적극적으로 가담하고 있다.

미국이 교사했다는 증거가 많은 1973년 칠레 군사 쿠데타와 2021년 미국의 시리아 공습을 돌아보면, 그 세월 동안 변한 것은 없다고 생각하게 된다. 미국 정부는 무법적인 행위의 결과를 두려워하지 않고 지구상의 전 민중을 상대로 막강한 권력을 휘두르는 자유를 온전히 누리고 있다. 이 "무법적"이라는 단어는 그냥 쓴 것이 아니다. 미국은 UN 안전보장이사회 결의안 없이 칠레(1973)와 시리아(2021)에 공격을 가했다. UN 헌장이 외국을 상대로 한 공격의 근거가 되어야 하는 만큼 칠레 쿠데타와 시리아 공습은 모두 불법이다. 칠레의 경우 리처드 닉슨(공화당)이 청신호를 보냈다면, 시리아의 경우 처음에는 버락 오바마(민주당)가, 그다음에는 조 바이든(민주당)이 여러 차례 시리아 공습을 승인했다. 민주당이냐 공화당이냐의 차이만 있을 뿐, 양당 모두 미국 제국주의의 기본적인 틀을 유지했다. 세계 여러 국가를 불안정하게 만드는 일 앞에서는 미국 자유주의나 보수나 별 차이가 없다는 것. 이것이 바로 《워싱턴 불렛》의 핵심 주제이다.

그래서 이 책을 집필했다. 단순한 역사적 호기심 때문이 아니라 우리가 현재 살아가고 있는 세계의 구조를 이해하기 위해서 말이다. 미국이 2019년 볼리비아에서 에보 모랄레스 정부를 상대로 쿠데타를 주동한 일이나 미국과 프랑스 정부가 2011년 리비아에서 정권 교체를 추진한 일 모두 먼 과거가 아닌 현재 벌어진 일이다. 두 사건 모두 서구의 독점 기업에 막대한 이득을 안겨 주는 세상을 만들기 위해 미국이 권력을 휘두르는 모습을 대표적으로 보여준다.

한국 독자들은 이러한 이야기를 자기 삶과 역사와는 동떨어진 것으로 생각할 수도 있겠다. 사실 그렇지가 않다. CIA와 미국 국무부 문건에는 미국 정부가 1948년부터 1961년까지 한국 지배

세력을 확실하게 유지하고 지원하고(이승만 하야 후, CIA 전용기로 그를 미국으로 빼돌리기까지 했다), 박정희의 독재 정권, 그 이후에는 전두환을 전폭 지지했다고(광주 학살에 CIA가 어떤 역할을 했는지는 여전히 밝혀야 할 것이 많다.) 기록되어 있다. 민중이 일어나 선거 민주주의를 요구하자 지배 엘리트 계층은 이를 따를 수밖에 없었다. 그러나 1987년 선거와 관련된 CIA 문건을 보면 미국과 민주정의당 사이에 모종의 공모가 있었음을 알 수 있다. 이러한 사실은 단순한 과거가 아니다. 미국과 한국 도급업자 간 소송에 따르면 CIA가 2005년부터 서울에 비밀 사무소를 운영하며 한국에서 첩보를 수집했음을 알 수 있다. 이 모든 것이 여전히 베일에 싸여 있다.

《워싱턴 불렛》은 광범위하게 지속되고 있는 미국 주도의 제국주의를 이해하는 창이 되고자 한다. 한국 독자들도 이 책의 수많은 증거를 참고로 반제국주의를 실현하는 방향으로 나라를 이끌어 가기를 바란다.

2021년 11월 15일
칠레 산티아고에서

목차

들어가며

저자는 이 책에서 총탄을 이야기하겠다고 한다. 민주적 과정, 혁명, 그리고 희망을 암살한 총탄 말이다.

인도의 용감한 사학자이자 언론인인 비자이 프라샤드는 여러 국가에 개입해 그들의 운명을 좌우해 온, 흑심을 품고 있는 제국주의를 종합적이고 쉽게 설명하고, 이를 전파하는 데 아낌없는 노력을 기울여 왔다.

저자는 이 책에서 미국이 어떻게 아프리카, 아시아, 라틴 아메리카에서 사회운동 지도자들을 암살했는지, 다국적기업이 자신의 가난을 대가로 삼는 것을 거부한 민중을 학살할 때 미국이 어떻게 관여했는지 서술한다.

그러면서 프라샤드는 이러한 워싱턴발 총탄에는 대가가 따른다고 말한다. "가장 큰 대가를 치르는 것은 민중이다. 암살, 살인, 폭력적 위협으로 인해 각 지역 민중들은 자신의 지도자를 잃는다. 농민 지도자, 노동조합 지도자, 빈민 지도자 말이다."

프라샤드는 과테말라에서 민주적으로 선출된 하코보 아르벤스 구스만 대통령을 상대로 일어난 1954년 쿠데타에 미국 중앙정보국(이하 CIA로 표기)이 어떻게 관여했는지 아주 자세하게 설명한다. 아르벤스는 유나이티드프루트사의 이해에 반대했다. 이는 [미국이 볼 때] 괘씸할 정도 대담한 행동이었다.

또한, 프라샤드는 미국 정부가 칠레에 800만 달러를 투입해 어떤 식으로 살바도르 아옌데에 반대하는 금융 파업과 시위를 일으켰는지 보여준다.

2016년 8월 브라질에서는 지우마 호세프 대통령이 의회 쿠데타로 축출되었다. 이 사건은 '법률 전쟁', 즉 '전쟁 무기로 법을 활용하는' 간악한 수법을 전형적으로 보여준다. 이들은 루이스 이나시우 룰라 다 시우바에게도 같은 수법을 사용했다. 어떠한 구체적 증거도 없었음에도, 이들은 재판에서 그저 검사의 '확신'만으로 580일 동안 룰라를 감옥에 가두었다.

시대가 변했고, 이제는 공작도 이전과는 다른 방식으로 이루어진다. 하지만 제국주의가 취하는 기본 방식과 대응은 크게 변하지 않았다.

볼리비아 사람들은 이러한 사악한 정치에 대해 잘 알고 있다. 14년 전 내가 볼리비아 다민족국 대통령으로 취임하기 훨씬 전부터, 우리는 미국의 공작, 위협, 보복에 맞서야 했다.

2008년, 나는 필립 골드버그 주 볼리비아 미국 대사를 추방해야 했다. 볼리비아를 분열시키기 위한 지령을 내리고, 자원을 제공하며, 분리주의 세력 지도자와 공모했기 때문이었다. 당시 미국 국무부는 내가 근거 없는 주장을 한다고 말했다. 2019년 말 나를 몰아낸 쿠데타에 미국 대사관이 개입한 정황이 명백한 지금에 와서는 무슨 소리를 할지 모르겠지만 말이다. 지금은 봉인되어 있는 CIA 문건을 나중에 연구자들이 읽고 과연 뭐라고 말할까?

먼로 독트린과 국가안보주의는 라틴 아메리카를 미국의 뒷마당으로 만들고, 미국의 이익에 반하거나 대안적인 정치, 경제, 사회 모델을 만들고자 하는 모든 단체를 불법화하려 한다.

지난 수십 년간, 미국은 수많은 핑계를 만들어 냈고, 불법적인 정치 군사적 개입을 정당화하기 위한 논리를 구축했다. 처음에는 공산주의와 싸운다는 명분에서 시작해 그 다음에는 마약 밀매와의 싸움, 이제는 테러리즘에 맞선다는 명분을 내세운다.

이 책을 보면 미국이 쏜 총탄이 희망을 산산조각 낸 무수한 사건이 떠오른다. 식민주의는 항상 자신의 조건과 현실에만 부합하는 진보라는 개념을 활용했다. 이러한 식민주의는 오늘날 지구를 위기에 몰아넣고, 천연자원을 집어삼키고, 약탈로 얻은 부를 축적하면서 **비비르 비엔**vivir bien[참된 삶][1]은 유토피아에 불과하다고 말한다. 그러나 **파차마마**pachamama[어머니 지구]와의 조화, 자유, 사회 정의를 향한 우리의 꿈이 아직 실현되지 않았거나 혹 멈추었다면, 이는 주권, 존엄, 평화와 전 인류의 박애를 가져올 우리의 정치, 문화, 경제 혁명을 제국주의가 방해했기 때문이다.

---

1   자연과 인간, 인간과 인간이 조화롭게 공존 공생의 삶을 지향함을 뜻하는 말로, 안데스 원주민의 우주관과 삶의 방식, 윤리 등에서 영감을 받은 수막 카우사이라는 말을 스페인어로 번역한 것이다. 사회적 평등 지향, 지속 가능한 환경, 서구 문명의 발전 개념에 대한 비판을 담고 있다.

인류의 구원이 저 멀리에 있는 것은 미국이 전 세계 민중을 상대로 총탄을 사용할 것을 고집하기 때문이다.

우리 지구가 가장 위급한 이 시기에, 우리는 이 문장과 글을 쓰고 읽고 있다. 바이러스가 세계 경제를 격리시키고 있고, 탐욕적이고 부를 축적하는 습성이 있는 자본주의는 그 한계를 내보이고 있다.

2020년이라는 격동의 해가 지나고 나타날 세상은 우리가 알던 세상과는 다를 것이다. 우리는 제국주의, 자본주의, 식민주의에 맞서 투쟁을 지속해야 할 의무가 있음을 매일 상기한다. 우리는 민중과 어머니 지구가 더욱 존중받는 세상을 향해 함께 나아가야 한다. 그러기 위해서는 대중과 억압받는 자들의 요구를 우선할 수 있도록 모든 나라에서 나서야 한다. 우리는 우리가 바로 대중이라는 신념을 가지고 있다. 시간이 걸리더라도 대중은 끝내 승리할 것이다.

2020년 4월 부에노스아이레스에서
전 볼리비아 대통령 에보 모랄레스 아이마

파일들

현 시기 서유럽의 야만은 믿을 수 없을 정도로 높은 수준에 달했고
이를 뛰어넘는, 그야말로 초월하는 곳은 미국뿐이라고 단언한다.
에메 세제르, 《식민주의에 대한 담론》, 1995.

내 주변에는 전 세계 민중이 겪은 비극을 상세하게 서술한 책과 문건들이 쌓여 있다. 미국 CIA에 대한 자료들, 1953년 이란을 시작으로 수년마다 한번씩 CIA가 여러 대륙에서 일으킨 쿠데타에 대한 내용들이 서가 한쪽을 전부 차지하고 있다. 국제통화기금(이하 IMF로 표기) 보고서도 책꽂이 하나 가득이다. 이러한 보고서를 보면 빈곤과 불평등에서 벗어날 길을 찾으려는 국가가 어떠한 장애물과 마주하는지 알게 된다. 내가 보유한 수많은 파일에는 정부가 조사한 오래된 전쟁과 새로운 전쟁, 권력가와 자산가에게 복무하며 국가를 불안정하게 만든 학살 관련 문건이 담겨 있다. 끔찍한 지도자와 고문들의 회고록(헨리 키신저의 모든 책)과 민중 지도자의 글과 연설문도 있다. 이러한 말과 이야기는 세계를 그려 내며 우리 주변에 왜 이렇게 많은 고통이 존재하고, 그러한 고통이 왜 투쟁이 아니라 체념과 증오로 이어지는지를 설명한다.

손을 위로 뻗어 1954년 CIA가 벌인 쿠데타 내용이 담긴 과테

말라 파일을 뽑아 든다. 미국은 왜 이 작은 나라를 파괴했을까? 무토지 운동과 좌파 세력이 투쟁 끝에 민주적 정치인이었던 하코보 아르벤스를 대통령으로 만들었기 때문이다. 그는 온건한 토지개혁을 추진하려 했다. 과테말라의 목을 죄던 미국 대기업 유나이티드프루트에게는 이 정도의 개혁조차도 자신의 토지 소유를 약화시킬 수 있는 위협이었다. CIA가 작업에 나섰다. CIA는 퇴역한 카를로스 카스티요 아르마스 대령과 접촉하고, 여단장을 매수했으며, 사보타주 행위를 벌였으며, 마침내 대통령궁에 있던 아르벤스를 포위해 결국은 망명하도록 만들었다. 그런 다음 카스티요는 과테말라에 공포정치를 몰고 왔다. 후에 그는 "사태 진압을 위해 전국을 무덤으로 만들어야 한다면, 나는 주저하지 않고 그렇게 할 것이다."라고 말했다. CIA는 그에게 공산주의자, 즉 과테말라를 빈곤에서 벗어나게 하기 위해 열심이던 사람들의 명단을 주었다. 그들은 체포되었고, 다수가 처형되었다. CIA는 살인 매뉴얼 〈암살 지침서 A Study of Assassination〉를 카스티요의 도살자들에게 넘겨 살인을 저지를 수 있도록 은총을 내렸다. 그리하여 이 작고 활기찬 나라에서 희망의 빛이 꺼지고 말았다.

내가 지닌 파일과 책에 어떤 시대를 밝힐 과거의 비밀이 또 숨어 있을까? 이러한 이야기가 말하는 것은 과연 무엇일까?

이것들이 말해 주는 것은 바로 민중과 민중의 대변자들이 올바르게 나아가는 길이라도 만들라치면, 서구 세력이 부추긴 지배계급이 이를 가로막았고, 황폐한 풍경만이 남았다는 것이다. 예전

식민지 시대의 굴욕은 더 심하게 뒤틀려 현대로 이어졌다. 제3세계 민중이 동시대의 서구 민중과 같은 시간대에 살아갈 수 있었던 적은 단 한 번도 없었다. 이들은 서구 민중보다 뒤처진 시간대에서 기회와 사회적 존엄이 적게 주어진 채로 살아야만 했다. 콩고의 파트리스 루뭄바(1961), 모로코의 메흐디 벤 바르카(1965), 볼리비아의 체 게바라(1967), 부르키나파소의 토마 상카라(1987)와 이들의 죽음 전과 후, 그리고 그 사이에 존재했던 수많은 제3세계의 위대한 지도자가 차디찬 날붙이에 처형당하고 말았다. 베트남부터 베네수엘라에 이르는 국가 모두가 비대칭 전쟁과 하이브리드 전쟁으로 절멸에 직면했다.

미국 및 동맹국 정부와 다자기구에서 작성한 방대한 양의 문건, 전 세계 학자들이 생산한 풍부한 2차 문헌을 토대로 이 책을 썼다. 이 책은 빛을 밝혀 준 저술들을 바탕으로 쓴 어둠에 관한 이야기이다.

"미군 전투기를 더 많이 격추하라."

Estados Unidos: el país donde

La libertad es una estatua.

미국: 자유가

동상인 나라

니카노르 파라, 〈인공장치〉, 1972.

암살자의 총탄 한 발에 얼마나 비용이 들까? 여기저기 들었을 테다. 총알 구입비, 택시비, 호텔비, 항공료, 암살자 고용비, 침묵을 대가로 암살자의 스위스 은행 계좌로 입금한 금액까지. 하나, 둘, 셋 또는 네 명의 생명을 앗아 가는 행위에 대한 정신적 보상 비용까지 들 것이다.

사실 가장 큰 대가를 치르는 것은 민중이다. 암살, 살인, 폭력을 동반한 위협으로 각 지역 민중들이 자신의 지도자를 잃기 때문이다. 농민 지도자, 노동조합 지도자, 빈민 지도자 말이다. 행동하는 사람들이 하나둘 살해되면서 암살은 학살이 된다. 그들이 가졌던 확신도 흔들리기 시작한다. 같은 민중으로서 사람들을 조직하고 민중을 대변했던 사람들은 죽거나, 살아 있더라도 맞서 싸우지 못할 정도로 두려워하고, 고립되고, 심하게 충격을 받은 상태가 된다. 총탄 하나가 그들의 강인함과 존엄성을 뒤흔들어 놓는다.

인도네시아에서는 수백만 명이, 과테말라에서는 수만 명이 이러한 대가를 치렀다. 루뭄바의 사망은 콩고 사회의 역동성을 훼손하였고, 콩고 역사에 재갈을 물렸다. 슈크리 벨라이드(튀니지 정치인, 1964-2013)와 루스 퍼스트(남아프리카공화국 언론인, 1925-1982)를 살해하는 데 든 비용은 얼마였을까? 아밀카르 카브랄(기니비사우 및 카보베르데 민족해방운동가, 1924-1973)과 베르타 카세레스(온두라스 환경운동가, 1971-2016)의 죽음에는 얼마가 들었을까? 가진 자의 질서를 유지하기 위해 역사의 목을 조른다는 것이 무엇을 의미할까? 각각의 총탄은 혁명을 무너뜨리고 현재의 야만을 낳았다. 이 책은 그러한 총탄에 관한 이야기이다.

자신의 편협한 이해, 보잘것없는 경쟁, 이기적인 이득에만 집중하는 사람이 이러한 총탄을 많이도 쏘아 댄다. 그러나 발사된 총탄 대부분은 워싱턴에서 쏜 것이었다. 세계 질서를 관장하는 관료들은 이러한 총탄을 갈고닦아 1917년 10월 혁명에서 시작된 해일과도 같은, 반식민주의 운동을 형성하려는 물결이 여러 차례 전세계를 휩쓰는 것을 막고자 했다. 첫 번째 물결이 소비에트사회주의공화국연방(소련)과 동유럽에서 절정을 맞이함에 따라 냉전, 즉 동-서 갈등이 촉발되었다. 그 다음 물결은 베트남과 중국에서 쿠바로, 인도네시아에서 칠레로 옮겨 갔으며, 한층 더 심각한 북반구-남반구, 즉 서구 세계와 남반구 세계의 갈등을 유발했다. 서구 세계의 리더인 미국은 동-서 축의 물리적 충돌은 불가능하며, 소련과 중국이 각각 1949년과 1964년에 핵무기 실험을 한 이상, 직접적인 전쟁도 불가능하다는 것을 명확하게 인식했다. 전장은 우랄산맥과 캅카스산맥 지역에서 중앙 및 남아메리카, 아프리카, 그리고 아시아로, 즉 남반구로 옮겨 갔다. 원자재가 풍부한 남반구에서는 1940년대에 이르러 탈식민지화가 주요 프레임으로 자리 잡았다. 미국은 소련을 겨냥한 총탄을 사용하지는 않았지만, 다른 총탄을 남반구의 심장으로 발사했다. 남반구라는 전장에서 미국은 소련의 영향력이나 민족을 해방하려는 계획과 희망을 다 밀어 버리고 자신의 이익을 추구했다. 자유는 더 이상 식민주의에서 벗어난 신생 국가의 표어가 되지 못했다. 자유는 뉴욕항에 세워진 동상의 이름일 뿐이다.

　제국주의는 강력하다. 제국주의는 사람들을 굴복시켜 자원, 노동, 부를 최대한 강탈하려 한다. 이렇게 역겨운 제국주의를 거부하는 사람이라면, 전 세계에서 가장 부유한 남성 22명이 아프리카에 거주하는 전체 여성보다 훨씬 많은 부를 소유하고 있고, 상위 1퍼센트 부자가 나머지 69억 인구보다 두 배는 많은 부를 가지고 있다는 현실을 바꿀 대안을 찾아야 한다. 왜 우리가 기아, 문맹, 질병, 다양한 형태의 모욕 따위에 계속 고통받는지, 그것에 대해 답을 가지고 있어야 한다. 표면적으로 거래되는 전체 금의 가치를 훨씬 웃도는 금액인 32조 달러 이상이 조세회피처에 있다는 점을 감안하면, 이러한 문제를 해결하기 위한 자원이 부족하다고 이야기할 수만은 없을 것이다. 어떤 나라에 폭탄을 떨어뜨리는 것은 간단하다. 오히려 더 어려운 일은 그 나라 국민의 현안을 해결하는 것이다. 이러한 문제에 제국주의가 제시하는 유일한 해법은, 사람들을 위협하고 서로 간의 분쟁을 조장하는 것이다.

그러나 자유는 그렇게 쉽게 통제될 수 없다. 그렇기에 사람들은 어려워도 끊임없이 대안을 갈구하고, 스스로를 조직하고, 새로운 세상을 열고자 한다. 실패할 가능성이 있더라도 말이다. 실패를 감수하지 않으면, 승리의 열매도 맛보지 못할 것이다.

1945년 9월 2일, 호찌민은 하노이 대중 앞에 섰다. 수도에 처음 온 것이었음에도, 수도에 있는 사람들은 모두 그를 알고 있었다. 호찌민은 "국민 여러분, 제 말이 들립니까? 제 말이 여러분에게 와닿습니까?" 하고 물었다. 그의 연설이 있기 몇 주 전, 떤 짜오Tân Trào에서 열린 전국인민대표자회의에서 새로운 베트남을 위한 의제가 제시되었다. 당시 호찌민은 "민족해방위원회와 모든 대표단의 목적은 그 어떠한 대가를 치르더라도 우리나라의 독립을 쟁취해 우리 아이들이 충분히 먹고 입으며 학교에 갈 수 있도록 하는 것입니다. 이것이 우리 혁명의 가장 중요한 목표입니다."라고 말했다. 하노이에 모였던, 그리고 베트남 전역의 민중은 호찌민의 말을 듣고 그것이 의미하는 바가 무엇인지 정확히 이해했다. 호찌민의 슬로건은 식량, 의복, 그리고 교육이었다.

한 국가의 인구를 먹이고, 입히고, 교육하려면, 그만큼의 자원이 필요하다. 베트남 혁명은 더 이상 베트남의 사회적 부가 프랑스와 서구 사회로 유출되지 못함을 의미했다. 호찌민이 이끄는 베트남 정부는 이러한 부를 활용해 수 세기 동안 베트남 농민이 겪은 빈곤 문제를 해결하고자 했다. 그러나 제국주의는 바로 이것을 용납할 수 없었다. 베트남의 노동력은 베트남의 전진을 위해서가 아니라 서구 자본가, 특히 프랑스 부르주아지에게 잉여가치를 제공하는 데 쓰여야 했다. 베트남 국민의 우선 과제가 베트남의 발전이어서는 안 되었으며, 프랑스와 다른 제국주의 국가의 세력이 확대되도록 하는 것이 우선 과제여야 했다. 그래서 프랑스는 베트남 왕조와 그들의 수하들과 공모해 베트남 국민을 상대로 전쟁을 벌였다. 프랑스-베트남 전쟁은 1946년부터 1954년까지 지속되었으며, 전쟁 후에도 미국은 1975년 패전할 때까지 계속 전쟁을 조장했다. 미국이 북베트남에 최악의 공습을 가하던 시기, 호찌민이 방공 시찰에 나선 일이 있다. 이미 70대 후반에 접어든 그였다. 동지들은 건강이 어떤지 물었다. 호찌민은 "미국 전투기를 더 많이 격추하시오. 그러면 건강 상태가 최고일 것 같습니다."라고 답했다.

미국의 총탄은 겉으로 그럴싸하게 보이면서도 위험하다. 그들은 공포로 충성심을 유발한다. 이 총탄에 대한 해독제는 희망이다. 바로 1964년 콜롬비아에서 내전으로 새로운 국면이 열렸을 때 우리에게 다가온 희망, 그리고 시인 호타마리오 아르벨라에스가 노래한 또 다른 미래처럼 말이다.

이 전쟁이 끝난

다음날

또 다른 전쟁이 온다면

그 전쟁이 끝나고 다음날이 밝으면

그대를 내 품 안에 안을 거요.

이 전쟁이 끝난 다음날

또 다른 전쟁이 온다면

그 전쟁이 끝나고 다음날이 밝으면

그 전쟁이 끝나도 내게 팔이 있다면

그러면 당신과 사랑을 나눌 거요.

이 전쟁이 끝난 다음날

또 다른 전쟁이 온다면

그 전쟁이 끝나고 다음날이 밝으면

그 전쟁이 끝나도 사랑이 있다면

사랑을 나누는 데 필요한 것이 있다면

1부

신수 왕권

오래전부터 확립된 신수 왕권이라는 원칙에 따르면 왕은 신이 정한 운명에 따라 자신이 원하는 바를 모두 행할 수 있는 권리를 가진다. 전능한 신의 권능과 신의 대리인인 군주를 제외하면, 인간이 만든 법 따위는 하찮것없었다.

그런데 16세기 말에 접어들 무렵 인도 델리에서, 무굴제국 황제 아크바르는 신수 왕권이라는 개념에 의구심을 가지기 시작했다. 그는 번역 기구(마크탑 카나maktab khana)를 설립해 지식인들이 모든 종교 전통을 심층 연구하도록 했다. 아크바르의 전기 작가였던 아불 파즐은 "맹목적 신봉이라는 대들보가 파괴되고, 종교 문제를 연구 및 탐구하는 새로운 시대가 시작되었다."고 적었다. 비종교적인 '주권'이라는 개념이 등장한 것은, 아크바르 황제가 신에게서 받은 권리를 휘두르는 게 아니라 백성을 위해 통치해야 함을 어느 정도 인식하고 있었다는 점을 보여준다. 파즐은 [아크바르의 치세를 기록한]《아인 이 아크바리Ain-i-Akbari》(1590)에서 "독재는 모두에게, 특히 세상을 수호하는 군주에게는 부정한 것이다."라고 서술했다.

이로부터 9년이 흐른 후, 스페인의 역사가 후안 데 마리아나는 《군주와 군주제에 관하여De rege et regis institutione》(1598)라는 책을 썼다. 데 마리아나는 대중(주로 귀족)이 "왕에게 책임을 물을 수 있다."고 주장했다.

아불 파즐과 후안 데 마리아나는 시대의 흐름을 읽었다. 이는 농민 반란의 영향이 컸다. 농민들의 곡괭이는 날카로웠고, 분노는 해일과도 같았다.

주권은 점점 신과 왕에서 민중으로 이동했다.

한 세대 후 프랑스 왕 루이 14세가 "**짐이 곧 국가다.**L'État c'est moi" 라고 외쳤지만, 정작 그의 후예는 단두대에서 처형되고 말았다.

압도적인 힘

1945년 8월 6일, 미군은 우라늄-235 64킬로그램을 탑재한 폭탄을 일본 히로시마에 투하했다. 이 폭탄이 고도 9,400미터 높이에서 떨어져 시마 내과병원 상공 580미터에서 터지기까지 고작 44초가 걸렸다. 이 공격으로 8만 명 이상이 즉사했다. 처음으로 원자폭탄이 사용된 순간이었다.

그로부터 나흘 후, 나카타 사쓰오는 도메이 통신의 라이카 카메라를 들고 히로시마에 왔다. 그는 사진 32장에 폐허의 모습을 담았다. 히로시마평화기념자료관이 소장한 이 사진들은 하나하나가 상징적이다. 폭탄에 실린 전체 우라늄 가운데 2퍼센트도 안 되는 양이 폭발했을 뿐인데도, 폭탄은 도시를 통째로 날려 버렸다. 그가 촬영한 주고쿠 신문사 건물과 오다마사 기모노 판매점의 사진을 보면, 기모노 가게의 철골이 엿가락처럼 휘어 있다. 핵무기의 가공할 위력을 보여주는 증거이다. 피폭 시인 도게 산키치는 원자폭탄의 위력과 영향을 다음과 같이 표현했다. 원자폭탄에서 나온 불덩이가 인구 35만의 도시 위로 떨어지고 난 후 주위에는 "금속 대야 주위를 날아다니는 파리 소리뿐"이었다고.

　1944년에서 1946년 사이에 폴 니츠는 미국 전략폭격조사단 Strategic Bombing Survey 지휘관이었다가 나중에는 부의장이 되었다. 그는 조사단 업무를 유럽에서 시작했지만, 전쟁이 끝나고 일본에도 잠시 방문했다. 후에 니츠는 '원자폭탄 없이도' 전쟁에서 이겼을 것이라 생각했다고 말했다. 그는 일본에서 이 가설을 증명하고자 했다. 니츠가 목격한 파괴의 실상은 숨이 멎을 정도였다. 재래식 폭격을 당한 유럽의 도시와 다를 바 없었기 때문이다. 그의 전기를 쓴 스트로브 탤벗은 니츠가 " 히로시마와 나가사키에서의 조사 결과로 원자폭탄의 영향력이 소이탄 폭격에 거의 버금간다는 것이 증명되었다고 믿었다."고 기술했다. 니츠와 인터뷰한 일본 장군과 사업가들은 결국 일본이 항복했을 테지만, 원자폭탄으로 전쟁을 지속하기 어려워진 것 또한 분명하다고 말했다. 1945년 11월에 니츠는 추밀원 의장인 히라누마 기이치로 남작을 만났다. 1945년 7월 26일, 미국, 영국, 중국은 포츠담 선언에서 일본의 항복을 요구하며, 항복하지 않을 시 '즉각적이고 완전한 파괴'에 직면할 것이라고 위협했다. 이 위협 때문에 기이치로는 추밀원 의원들에게 항복을 촉구했지만, 항복 선언을 이끌어 내는 데에는 실패했다고 말했다. 그러고서 일주일 지난 8월 6일과 9일, 미군은 히로시마와 나가사키에 원자폭탄을 투하했다. 8월 15일, 히로히토 일왕이 항복했다. 기이치로는 니츠에게 일본이 항복한 "가장 큰 요인은 원자폭탄"이었으며, 일본이 "끔찍한 파괴력을 경험했고, 일본의 전쟁 수행 능력은 그야말로 끝장났다."고 말했다.

　원자폭탄의 막대한 권능은 미국 관료들, 심지어 이것을 사용하기 꺼렸음직한 사람들에게도 영향을 미쳤다. 니츠 역시 그런 사람 중 하나였다. 원자폭탄을 사용하지 않는 것을 선호했지만, 그러기에는 사람들이 원자폭탄의 효용성을 깨달아 버렸다. 그래서 니츠는 이미 최대 규모인 무장을 더욱 증강할 것을 미국 정부에 촉구했다. 이는 소련을 실제로 공격하려는 목적이 아니라, 미국 외교관 조지 F. 케넌이 말했듯 소련을 억제하고 결국에는 밀어내기 위함이었다. 지난 수십 년간 케넌보다도 니츠가 미국이 외교 정책을 수립하는 데 더 많은 영향을 미쳤다. 1952년, 니츠는 국무부에서 자신 휘하의 팀과 함께 2차 세계대전 이후 미국 권력이 지향하는 목표를 분명히 세웠다. 니츠는 미국 정부 내 자유주의자들이 "미국의 역량을 평가절하"하는 경향이 있다고 말했다. 한데 전략폭격조사단을 경험한 그가 보기에는 그렇지 않았다. 니츠는 이후 미국 정책 기획가들이 자신이 만든 정책안에 흔히 사용하게 되는

'압도적인Preponderant'이라는 단어를 도입했다. 1952년 니츠의 부하 직원은 "압도적인 힘보다 못한 것을 추구하는 것은 패배를 선택하는 것이다. 압도적인 힘이 미국 외교의 목적이 되어야 한다."고 적었다.

라틴어에서 유래한 이 단어는 무게를 더 가한다는 뜻을 갖고 있다. 최고 권력이 된다는 것은 언제나 매우 유용하다. 히로시마와 나가사키에 투하한 폭탄 덕에 자신의 무게를 더욱 늘린 미국은 이제 더 많은 권력을 주장한다.

신탁통치

예전에 식민 지배국들은 자신들이 신에게서 세계의 평화와 문명을 이룩할 사명을 받았다고 생각했다. 정복자가 곧 중재자이자 입법자라는 개념이 거대한 현대 국제법 담론에까지 교묘하게 섞여 들었다. 원주민은 야만적이라 이성적으로 통치할 능력이 없으니, 다른 지배자가 통치를 대신 맡아 원주민을 도와주어야 한다는 논리였다. 국제연맹규약League of Nations Covenant(1919)에 따라 원주민 소유 토지가 '신탁통치' 하에 묶였고, 그 덕분에 식민 지배국은 자신의 지배를 법으로 정당화할 수 있다고 믿게 되었다. 국제연맹규약 16조에서 "평화를 사랑하는 국가"(주로 제국주의 국가)가 "평화와 안보를 유지할 의무"가 있다고 정했던 것이다.

이쯤 되자 '평화' 같은 용어를 두고 드러나는 유럽의 위선이 피식민지 국가의 눈에 매우 명확하게 보이기 시작했다. 1919년 6월 28일 국제연맹규약이 조인되었다. 그러기 2개월여 전인 1919년 4월 13일, 영국군은 잘리안왈라 바그Jallianwala Bagh(인도 암리차르)에서 학살을 자행했다. 이곳에서는 권위주의적인 인도방위법 Defence of India Act(1915년 시행)을 반대하는 대중 집회가 열리고 있었다. 4월 13일 단 하루에만 평화 시위를 벌이던 집회 참가자 수천 명이 살해되었다. 이들을 죽인 것은 바로 '평화를 사랑하는 국가' 였다. '인도'가 연맹 회원국이었음에도 이러한 만행이 벌어졌다. 〈라지카란Rajkaran〉 같은 인도 신문에서 즉각 보도한 것처럼(1919년 11월), 사람들은 '영국이 국제연맹에서 더 많은 표를 행사하기 위해 인도의 표를 강탈했다.'는 식으로 이해했다. '어느 모로 보아도' 인도에 득이 될 것은 없었다.

미국도 규약에 서명했다. 니카라과와 아이티도 동참했다. 1909년, 미국은 중앙아메리카 연방공화국을 만들려던 니카라과 대통령 호세 산토스 셀라야를 쫓아냈다. 니카라과에 운하를 뚫어 태평양과 대서양을 이으려던 미국의 입장에서, 셀라야가 추진한 지역 통합 움직임을 용납할 수는 없었기 때문이다(미국이 파나마로 관심을 돌리자 셀라야는 독일에 운하 건설 의사를 타진했다. 이는 그의 치명적인 실수였다).[1] 셀라야가 추방되자 니카라과 군대에서 민족주의

---

1   19세기 초반부터 미국은 니카라과를 관통하는 운하를 건설해 대서양과 태평양을 잇고자 하는 계획을 논의하기 시작했고, 19세기 말 셀라야 대통령

세력들이 활동할 수 있는 여건이 조성되었다. 막상 이들이 1912년에 메나 반란Mena Rebellion을 일으키자, 미국 해병대가 니카라과로 들어왔으며, 이들은 1933년까지 주둔했다.

니카라과와 마찬가지로 국제연맹 회원국이었던 아이티의 경우를 보자. 아이티에서는 1915년 친미 독재자 장 빌브룬 기욤 샘에 반대하는 대중 봉기가 일어났다. 그가 포르토프랭스 거리에서 사망하자, 미국은 이를 구실로 해병대를 파병해 1934년까지 주둔했다. 당시 진압 작전으로 1만 5천에서 3만 명에 이르는 아이티 국민이 사망했다. 그럼에도 1919-1920년 일어난 농민 봉기와 1929년 일어난 파업의 물결을 멈출 수는 없었다. 일부 봉기를 주도했던 샤를마뉴 마세나 페랄테(1886-1919)와 그가 이끄는 저항군 '카코스cacos'는 아이티 민중의 권리를 수호하기 위해 싸웠다. 그러나 페랄테는 미국 해병이 쏜 총알에 심장을 맞고 사망했다. 페랄테는 아이티의 산디노였다. 니카라과 혁명가였던 산디노 역시 1934년에 페랄테와 비슷한 운명을 맞았다. 아이티의 모든 기관이 유명무실해졌고, 모든 기능이 미국에 종속되었다.

하나의 '평화를 사랑하는 국가'가 평화라는 미명 하에 연맹 회

과 협상하면서 본격적으로 운하 건설을 추진했다. 하지만, 1902년 미국이 프랑스로부터 파나마 운하 사업권을 매입하면서 운하 건설 계획은 파나마로 옮겨 갔다. 그러자 셀라야 대통령은 운하 건설을 위해 독일에 투자 요청을 시도했다. 당시 독일은 카리브해의 항구에 눈독을 들이고 있었고, 이는 미국에게도 잠재적 위협으로 작용해 양국 간에 긴장 관계가 형성되어 있었다. 또한, 미국은 자국이 건설하는 파나마 운하와 경쟁하게 될 운하를 건설하려는 니카라과 정부의 이러한 움직임을 용인할 수 없었다.

원국 두 곳을 침략했다. 그러나 이러한 예외는 이미 규약에 명문화되어 있었다. 규약에서는 꽤나 명확하게 "본 규약의 그 어떠한 조항도 평화 유지를 이유로 먼로 독트린 등 지역 협정을 비롯한 국제 협약의 유효성에 영향을 미치지 아니한다."고 되어 있다. 1823년 발표된 먼로 독트린은 미국이 아메리카 대륙 전체에 권리를 가지고 있다고 이해한다. 이 독트린은 유럽 제국주의 국가들의 식민 지배권을 용인한 덕에 실질적인 효력을 발휘하게 되었다.

일본의 경우, 마키노 노부아키 남작이 대표로 국제연맹 회의에 참가했다. 그는 파리강화회의에서 언뜻 순수한 듯 보이는 연설을 통해 '인종 차별 철폐 제안'을 내놓았다. 외무대신이던 우치다 야스야 자작이 분명히 지시한 대로, 노부아키의 제안은 제한적이었다. 제안 내용은 국제연맹 회원국에게만 적용되며, 피식민지국은 제외된다고 했기 때문이다. 그러나 이 제안조차도 [다른 제국주의 국가들에게는] 도가 지나친 것이었다. 호주는 이미 1901년에 백호주의[2]를 공식 채택했다. 윌리엄 모리스 휴즈 호주 총리는 일본의 제안이 국제연맹에서 통과되는 것을 용인할 수 없었다. 영국과 미국 역시 이에 동의했다. 일본의 제안은 그렇게 좌절되었다. 노부아키 남작은 격노하며 귀국길에 올랐다. 그러나 정작 그는 일본을 아시아 침략 전쟁의 길로 이끈 극단적인 민족주의 단체를 후원하고 있었다.

---

2 1850년대부터 호주에 비백인 이민자들이 많아지면서 백인 노동자 임금이 저하되자, 1901년부터 1973년까지 비백인 이민 정책을 실시한 것을 일컫는다.

"국제법은 원주민을 미개인으로 취급해야 한다."

식민주의가 판치던 시기에는 어떠한 정당한 이유를 댈 필요조차 없었다. 그저 어떤 나라를 침략하고 싶으면, 열강은 이를 행동에 옮길 수 있었다. 다른 열강이 반대할 수도 있었고, 실제로 그런 일도 몇 번 있었지만, 반대하는 이유는 침략당하는 민중을 위한 것이 아니었고, 단지 열강들 간의 경쟁 심리에서 비롯된 것일 뿐이었다. 1884-1885년에 제국주의 국가들은 아프리카 대륙 분할을 위해 베를린 회담을 가졌다. 여기서 야만적이고 잔인한 방식으로 영토를 강탈하고 피식민지국 민중의 열망을 억압하는 것이 그 본질인, '실효적 지배'와 '세력권'을 두고 유럽 열강과 미국이 서로 다투었다. 영국, 프랑스, 독일, 이탈리아, 포르투갈, 스페인, 미국이 회담을 주도했다. 회담 후 10년이 지난 시점에서, 아프리카 대륙에서 상대적으로 독립을 유지한 나라는 에티오피아, 모로코, 마제르틴, 호뵤 술탄국 정도밖에 없었다. 그러나 베를린 회담 수십 년 후 프랑스와 스페인은 모로코를 분할 점령했고, 이탈리아는 술탄국 두 곳을 식민지로 삼은 뒤, 1936년에는 큰 전쟁을 치르고서 에티오피아마저 점령했다. 이 모든 일이 법적 테두리 안에서 벌어졌다. 유럽과 미국의 요구를 만족시키기 위해 한 대륙 전체의 권리를 박탈한 일이었다.

국제법 분야의 개척자이자 나중에는 영국 자유당 의원이 된 케임브리지 대학교 존 웨스트레이크 교수는 저서 《국제법》(1894)

에서 다음과 같이 말했다.

> 국제법은 원주민을 미개인으로 취급해야 한다. 국제법은 문명국
> 간 상호 이익을 위해 어떤 지역을 상대로 한 여러 국가의 통치권
> 주장을 조율하고, 해당 지역 원주민의 처우는 통치권을 부여받
> 은 국가의 양심에 맡겨야 한다. 통치권을 주장하는 문명국들의
> 이해가 이 지역의 파괴와 원주민의 고통을 야기하는 전쟁의 구
> 실로 작용하도록 해서는 안 된다.

그러니까 원주민이 자신을 보호하려면 국제법을 통해 전쟁을
하지 않도록 서로 양해를 한 식민 지배자들에게 자신의 영토와 자
원을 넘겨야 한다는 말이다. 원주민이 자신의 것을 포기하고 제국
주의자들이 약탈품을 나눠 갖는 행위를 지켜보는 게 자신을 위한
길이라는 것이다. 이것이야말로 현재 국제법의 개념적 틀 속에 여
전히 남아 있는 제국주의 국제법의 정수이다.

정복 전쟁에는 법의 얼굴을 한 억지 근거라도 있었지만, 민중
과 문화 전부를 학살한 것에 대해서는 그런 것조차 없었다.

유럽 안에서 벌어진 전쟁으로 인해 수많은 유럽인이 사망한
것에 대중이 분노하면서 최초의 제네바 협약(1864)[3]이 탄생했다.

---

3   정식 명칭은 '육전에 있어서 군대의 부상자 및 병자의 상태 개선에 관한 협약'
     이다. 전시에 교전국이 중립적 의료시설을 표시하고 의료시설과 의료진 및
     부상자를 보호하도록 한 협약이다. 이후 80년 이상 시차를 두고 3개 협약이
     추가로 작성되었으며, 1949년 최종 협약 탄생 후 3개 의정서가 추가되었다.

30만 명 넘게 사망한 크림전쟁(1853-1856)과 단 하루 만에 4만 명이 사망한 솔페리노 전투(1859), 이 두 가지 분쟁이 특히나 유럽 대중의 혐오를 불러일으켰다. 이를 계기로 최초의 제네바 협약과 국제부상자구호위원회(이후 국제적십자위원회)가 생겼고, 전쟁에 관한 도덕적 틀이 마련되었다.

그러나 1차 세계대전에서 전쟁 기술이 모든 도덕적 체계를 압도하면서, 이러한 틀은 전두 산산이 부서졌다. 화학무기와 공중폭격은 전쟁에서 '도의'를 지워 버리며 전투를 용맹함이 아닌 기술적 우위의 문제로 만들었다. 공중 폭격의 충격이 가장 컸다. 전선을 훨씬 지나 민간인 지역을 폭격하는 기술적 능력 앞에서 전투병과 민간인의 경계가 모호해졌기 때문이다. 새로운 살상 기술의 가혹함을 완화하기 위해 1929년과 1949년에 제네바 협약이 개정되었다. 그럼에도 나치는 1937년 스페인 게르니카 폭격을 시작으로 가차 없이 민간인을 살해했다. 연합국도 별반 다르지 않았다. 1942년 영국 정부는 폭격이 '적국 민간인, 특히 산업 노동자의 사기'를 꺾기 위한 것이었음을 인정했다. 1945년 연합국이 독일 드레스덴을 폭격한 것은 영국이 1942년에 주장했던 것을 실전에 응용한 것이었다. 미국 소설가 커트 보니것은 당시 전쟁포로로 드레스덴에 있었고, 이후 폭격의 참상을 담은 《제5 도살장》(1969)을 썼다. 사망자가 도시에 넘쳐났다. 그는 "매장을 다 하기 어려울 정도로 시체가 많아서, 나치는 군대에 화염방사기를 들려 보냈다. 모든 민간인 시체가 불에 타 재로 변했다."고 서술했다.

이러한 새로운 전쟁 기술 그리고 홀로코스트로 서구 사회에 국제연합UN과 UN 헌장(1945)을 만들 필요가 생겼다. 유럽이 스스로 지옥문을 더욱 넓게 확장했기 때문이다. 반면, 식민지와 식민지 민중에게 지옥은 일상이었다.

베냉에서 토고에 이르는 지역에서 차출된 서아프리카 병사 1천 300명은 프랑스군 소속으로 싸우다 나치에 붙잡혀 포로수용소에 갇혀 있다가 풀려나 세네갈 다카르 외곽에 있는 티아로에 수용소로 이송되었다. 1944년 이들은 자신들의 처우에 반발해 폭동을 일으켰다. 이 병사들은 폭격과 참상을 겪었고, 전쟁연금을 수령해 고향으로 돌아갈 것이라고 생각했다. 그러나 식민주의가 언제나 그랬듯, 프랑스는 이들을 배신했다. 그들의 반란은 어둠 속의 외침이었다. 프랑스군은 총격을 가해 수백 명을 사살했다. 세네갈의 영화 거장 우스만 셈벤 감독은 1988년 이 학살을 다룬 영화 〈티아로예 캠프Camp de Thiaroye〉를 제작했다. 영화의 주요 인물인 페이는 셸 쇼크shell shock라고 불리는 전쟁 트라우마에 시달려 말도 제대로 못하고 끙끙대거나 비명을 지르는 것밖에 하지 못한다. 보초를 서던 그는 탱크 여러 대가 캠프 주변을 배회하는 것을 보고 동료 병사에게 나치가 돌아와 자신들을 죽일 것이라 얘기한다. 동료들은 페이가 미쳤다고 수군거린다. 이윽고 프랑스군 탱크가 사격을 시작하고, 아프리카 병사들은 모두 살해된다.

"야만족은 문명화된 전쟁법을 따르지 않는다."

윈스턴 처칠은 젊은 시절 '야만인을 상대로 한 즐거운 전쟁에 여러 번' 참전했다. 지금의 파키스탄에 해당하는 스와트 계곡에서 처칠과 그의 군대는 가공할 폭력을 사용해 그 지역의 저항군을 쓸어 버렸다. 처칠은 이 살육전을 회고하면서, 스와트 지역 주민이 "살인을 하려는 원주민 습성이 강해" 자신의 군대 역시 손에 피를 묻힐 수밖에 없었다고 기술했다. 프랑스는 미군이 필리핀에서 처음 쓴 국gook[4] 이라는 단어를 차용해 알제리 전쟁에서 프랑스군을 **'국 사냥'**에 내보낸다고 표현했다. 언제나 미개한 것은 원주민이고, 문명화된 것은 정복자이다. 정복자의 잔혹한 폭력 속에서조차 말이다. 또한, 정복자는 절대 테러리스트일 수 없다. 테러리스트는 언제나 원주민이다.

1864년 최초의 제네바 협약 논의에서도 식민지 전쟁은 다뤄지지 않았다. 1857년 인도 민중 봉기를 잔인하게 진압한 일이나 아메리카 대륙에서 노예가 일으킨 봉기를 진압하는 과정에서 벌어진 야만, 호주와 아메리카 대륙에서 원주민을 대학살한 일에 대해서도 그 어떠한 말도 나오지 않았다. 그저 침묵만이 있었을 뿐이었다.

---

4 과거 미군들이 동남아시아 및 동아시아인들을 모욕적으로 부르던 속어로 사용되기 시작해, 동아시아 및 동남아시아의 공산당에 적개심을 품은 서구 자유 진영에서 주로 사용한 말이다. 한국의 해외 진출이 증가한 1990년대 후반 이후에는 주로 한국인을 지칭하는 속어로도 사용되었다.

제네바 협약의 침묵은 1864년부터 1929년을 지나 1949년까지 이어졌다. 침묵했다는 사실을 보여주는 문구를 구태여 인용할 필요가 없다. 이 전시 국제법에 식민지 전쟁을 언급한 구절이 **전혀 없다**는 것만 봐도 된다. 1977년이 되어서야 제네바 협약은 추가의정서 I[5]에서 민족해방전쟁이 협약의 틀에 따른 무력 충돌이며, 국제법의 대상이 된다고 인정했다. 그러나 이조차도 1961년에 결성된 비동맹운동Non-Aligned Movement, NAM 소속 신생 독립국들이 **투쟁을 통해** 얻어 낸 결과였다.

추가 의정서가 도입되기 전에는 식민지에서 일어나는 모든 개입과 공격 및 학살이 합법이었다. 원주민이 잘못하면, 정복자는 원하는 대로 할 수 있었다. '포함砲艦 외교'라는 용어는 이러한 무법 상태의 본질을 잘 보여준다. 때때로 [식민 지배국] 스스로의 잔혹함에 양심의 가책을 느낀 자유주의자가 반대 목소리를 내기도 했지만, 이내 정당화할 명분이 만들어졌다. 1923년에 영국 런던의 관료들은 아프가니스탄에서 영국군이 자행하는 만행을 우려했다. 그러나 이들은 짧은 회의 후, 국제법(제네바 협약)이 '문명화된 전쟁법을 따르지 않는 야만족을 상대로 하는' 전쟁에는 적용되지 않는다는 점에 동의했다. 1894년 웨스트레이크의 책 내용이 1923년 전쟁 관료의 논리에 적용된 것이다.

벨기에 국왕 레오폴드 2세와 10년 사이 1천만 명이 넘는 콩고

5　국제적 무력 충돌의 희생자를 보호하는 내용이 담겼다.

국민의 목숨을 앗아 간 그의 학살 정권은 유럽 [식민지 정복] 프로 젝트의 수치였다. 레오폴드 2세는 1908년에 콩고 통치권을 포기해야 했다. 이는 그가 너무 극단적이었기 때문이다. 그럼에도 유럽 정복자가 식민지에서 무법자 행세를 하는 원칙 자체는 흔들리지 않았다. 사망자의 숫자만 반감을 불러일으켰을 뿐, 식민주의의 무법성이라는 본질은 그대로였다.

나중에 공중에서도 살상이 가능한 기술이 세상에 나왔을 때, 그에 대한 걱정은 잠시뿐, 곧 스쳐 지나가 버렸다. 정복자들은 공중 폭격을 원주민 문명화 수단으로 여겼다. 레오폴드 2세가 콩고에서 물러난 뒤 몇 년 지나지 않은 1911년 10월, 이탈리아는 리비아에 폭탄을 투하해 최초로 인간을 상대로 공중 폭격을 했다. 일부 언론사는 이에 대해 불만을 표출했다. 일간지 〈데일리크로니클〉은 "나이를 불문하고 비전투원이 무자비하게 살해되었다. 양심의 가책이나 수치심 따위는 보이지 않았다."며 이 장면을 생생하게 묘사했다. 여기서 '비전투원'이라는 법적 용어를 사용한 점이 중요하다. 〈데일리크로니클〉의 편집장 로버트 도널드는 전쟁은 용인했지만, 그렇다고 학살까지 받아들인 것은 아니었다. 폭격의 가치를 경험한 이탈리아 공군은 전장에서 발표한 성명에서 폭격이 "아랍인의 사기를 꺾는 데 효과적"이었다며, 아랍인이 정복자를 두려워한다고 적었다. 로버트 도널드의 조국 영국의 공군도 1924년에 이라크를 상대로 선전전을 벌일 때 이탈리아를 따라 했다. 영국 변호사 J. M. 스파이트는 저서 《공군력과 전쟁권Air Power and War Rights》(1924)에서 공중 폭격이 '거의 무한대의 가능성'을 가진다고 서술했다. 그에 따르면, "공중 폭격은 구식의 조잡하고, 끔찍하며, 유혈이 낭자한 전쟁을 강력한 국제적 조정, 즉 피를 거의 보지 않는 수술로 바꿀 수 있다." 신속하고 치명적인 폭격 세례는 세력 균형을 뒤바꿔 '국제적 조정,' 즉 원주민의 항복을 촉진할 수 있었다. 식민지 민중에 관해서는 이러한 내용이 전시 국제법이랍시고 통용되었다.

UN이 창립되고, 홀로코스트에 진절머리를 내면서 '다시는 안 된다.'는 슬로건이 나왔지만, 그럼에도 한참 동안 이러한 만행이 이어졌다. 1952-1960년 사이 영국이 케냐 전쟁에서 대량 학살을 벌였을 때, 식민지 경찰서장이던 이언 헨더슨은 가장 잔혹하게 깡패질에 가까운 작전을 펼쳤다. 1958년 엄청난 호평을 받으며 출판된 책《케냐에서의 범인 사냥Man Hunt in Kenya》에서 헨더슨은 자신이 테러리스트, 즉 야만족의 뒤를 쫓으며 20세기 사상 최고로 추악한 식민 전쟁을 수행했고 철저히 지배자 행세를 했다고 만천하에 알린다. 1976년, 응구기 와 티옹오와 미세레 무고는 마우 마우Mau Mau 봉기의 지도자로 식민지 경찰 헨더슨에 체포된 데단 키마시의 재판을 연극으로 제작했다. 연극에서 민족해방운동 지도자 키마시와 식민지 경찰 헨더슨은 감옥에서 만난다. 헨더슨이 "이봐, 솔직히 우리 사이니까 하는 말인데, 국가는 힘과 이기심으로 먹고 살지. 너는 우리의 이해에 도전했고, 우리는 우리 것을 지켜야 했을 뿐이야. 이 추악한 전쟁을 끝내는 게 우리 서로의 이해와 이익을 위한 길이야."라고 말하자 키마시는 "내가 바보인 줄 아나?"라고 응수한다.

무법의 식민 전쟁에 맞선 인간, 키마시는 "나는 케냐의 혁명가다."라고 말했다. 처형되기 전 그는 아내 무카미에게 "나의 피를 먹고 독립의 나무가 자랄 것"이라고 말했다.

원주민과 보편적 세계

전 세계 식민지에서 민족해방운동이 점점 성장하고 그 힘이 증대되었다. 식민지 민족해방운동이 식민지 체제를 상대로 정치적 자유만을 요구한 것은 아니었다. 식민지 민중은 자신들 또한 인류에 속하기에 보편적 자유와 인권 개념이 적용되어야 한다고 말했다. 키마시는 **"나는 케냐의 혁명가다."**라고 말했지만, 이는 **"나는 인간이다."**라는 말이기도 했다. '야만인'이라는 개념을 사용해 보편적 원칙에서 피식민지 민중을 제외해서는 안 된다. 바로 이것이 브뤼셀에서 1927년부터 1928년에 걸쳐 열린 반제국주의연맹 League Against Imperialism 회의에서 대두된 결의안의 요지였다. 니카라과에서 인도에 이르는 국가에서 일어난, 민족해방운동을 대상으로 한 '공포정치'와 '무자비한 탄압 수단'을 향한 분노가 담긴 요구는 이 정치 결의안을 통해 증폭되었다. 역사의 무대를 자유롭게 활보하고자 하는 인류의 요구를 가로막는 것은 아무것도 없는 듯

했다.

그 후 수십 년간, 민족해방운동은 힘을 키워 성장했고, 제국주의의 지독한 공격도 견뎌 냈으며, 인류가 본질적으로 모두 동등하다는 사실을 더욱 깊이 이해했다. 민족해방운동은 식민주의의 인종차별을 되풀이하지 않았고, 자신들만의 진보가 아니라 보편성을 위해 투쟁했다.

프랭클린 루스벨트가 추진하여 1941년 발표한 대서양 헌장은 이러한 민족해방운동의 요구를 본뜬 보편성이라는 모든 고상한 원칙을 포함했다. 그러나 우드로 윌슨의 14개조 평화원칙(1918)과 마찬가지로, 루스벨트의 헌장 역시 현실보다 과장된 것이었다. 반식민주의에 관한 불안감은 제국주의의 극치를 달리던 인물들에게 크게 영향을 미쳤다. 윌슨은 1911년 중국, 인도, 멕시코에서 일어난 혁명과 1917년 러시아 혁명에 대해 걱정했다. 루스벨트는 역사를 직시했다. 역사는 2차 세계대전이 종식되면 반식민주의가 우세할 것이라고 말해 주었다. 1914년에 클레멘트 애틀리 영국 부총리는 식민주의에서 벗어나 자유를 얻을 희망에 부푼 서아프리카 학생들 앞에서 '대서양 헌장은 피부색이 어두운 인종까지도 포함한다. 백인뿐 아니라 유색인종도 처칠과 루스벨트가 선언한 대서양 헌장의 혜택을 받게 될 것이다.'라고 말했다. 그러나 처칠은 그와는 견해가 달랐다. 1942년에 연합국이 북아프리카에 상륙하자, 처칠은 자신이 '대영제국을 청산하려고 총리가 된 것이 아니'라고 선언했다. 제국주의자들은 민족해방운동의 힘이 성장하는 것을 인정해야 했지만, 무자비한 싸움을 하기 전에는 식민지를 포기할 생각이 없었다.

1945년 호찌민이 인도차이나의 자유를 선언하자마자, 프랑스군은 알제리에서 그랬던 것처럼 인도차이나 지역을 수복하기 위해 돌아왔다. 영국은 말라야Malaya와 케냐의 식민 지배권을 유지하기 위해 잔인하게 싸우며 물고늘어졌지만, 파키스탄 북부의 영국 공군 기지를 유지하는 조건으로 인도의 분리 독립은 수용했다. 자유의 깃발이 허용되었지만, 신생 독립국들은 제국주의 군사 동맹에 서둘러 가입하라는 경제 및 정치적 압박을 받았다. 쿠데타로 자리에서 물러난 가나 최초의 지도자 콰메 은크루마는 1965년에 《신식민주의》라는 책을 썼다. 새로 도래한 시기의 풍조는 바로 신식민주의였다. 1945년 이후 세계의 주요 모순은 동-서 축을 따라서 벌어지는 냉전이 아니라, 남반구와 북반구 간의 갈등, 즉 탈식민지에 맞서는 제국주의의 전쟁이었다.

루스벨트는 남반구와 북반구, 더 정확하게는 서구 세계와 남반구 세계 간 분열의 구조적 기반이 전쟁이라고 보았다. 처칠과 카사블랑카 회담을 가진 후, 1943년 영국 식민지였던 감비아를 방문한 루스벨트는 '요는 식민지 체제가 전쟁을 의미한다는 것이다. 인도, 버마, 자바의 자원을 착취하고 부는 모조리 강탈하면서도 교육이나 양질의 생활수준, 최소한의 의료 요건 등 식민지에 되돌려주는 것은 하나도 없다. 당신들은 전쟁으로 비화될 문제를 더 많이 쌓고만 있다.'고 말했다. 이는 그 어떤 고매한 도덕적 원칙에서 나온 말이 아니다. 그저 현실을 인정한 데에서 기인한 것이다. 루스벨트는 이러한 압박을 라틴 아메리카에서 경험했다. 1933년에 이미 그는 선린외교정책Good Neighbor Policy으로 선회해 전쟁용 자원을 빼 가는 대신 라틴 아메리카에 개입하지 않겠다고 약속했다. 민족해방운동과 (니카라과와 아이티에서 일어난) 개입에 대한 저항으로 제국주의자들은 세력 균형의 변화를 받아들일 수밖에 없었다. 반식민주의 운동의 주요 전선으로 여겨지지 않았던 감비아에서조차 배서스트 노동조합Bathurst Trade Union이 생겼고, 노동조합은 반제국주의연맹의 도움을 받아 1929-1930년 총파업을 주도했다. 이 총파업은 영국에 충격을 주었다. 영국 관료들은 (1930년 패스필드 서한을 통해) 노동조합 결성 권리를 인정하고, 노동조합 지도자를 매수해 서둘러 상황을 통제하려 했다. 그러나 공산주의 운동 지도자 조지 패드모어가 《흑인 노동자들의 삶과 투쟁The Life and Struggle of Negro Toilers》에서 썼듯이, (감비아에서도 마찬가지로) 이러한 파업은 '더욱더 반제국주의 성격을 띠게 되었다.'

원주민은 스스로가 보편적 세계의 일부라고 선언했다. [제국주의자들은] 이를 인정해야 했다.

UN 헌장

1945년 UN이 창립되었다. 샌프란시스코에서 열린 창립 회의에서 국정과 국제 관계의 최고 원칙을 명시한 헌장 초안이 작성되었다. 보편관할권의 복잡성과 식민지 세계의 현실을 이해하지 못한 문서를 도출했던 국제연맹의 실패를 딛고 만들어진 것이 UN 헌장이었다.

연합국은 드레스덴과 히로시마의 잿더미에서 UN을 고안했다. 권력은 5개 상임이사국(중국, 프랑스, 소련, 영국, 미국)이 나눠 가졌다. UN 헌장은 '열강'이 어떻게 국제 안보를 책임져야만 하는지에 관한 국제연맹의 고민을 수용했다. UN 헌장 제39조를 보면, 열강들은 UN 안전보장이사회(안보리)가 전 세계에서 '평화에 대한 위협, 평화의 파괴 또는 침략 행위의 존재를 결정한다.'는 것에 동의했다. 5개 상임이사국은 안보리의 모든 의사결정에 대해서 거부권을 가지게 되었다. 실상 안보리는 51개 창립 회원국 전체가 아니라 5개 상임이사국만의 회의였다. UN 헌장 제41조는 안보리가 '결정을 집행하기 위하여 병력의 사용을 수반하지 아니하는 어떠한 조치를 취하여야 할 것인지를 결정할 수 있다.'고 정하고 있다. 그리고 UN은 이러한 조치에는 '경제 관계 및 철도·항해·항공·우편·전신·무선통신 및 다른 통신수단의 전부 또는 일부의 중단과 외교 관계의 단절을 포함할 수 있다.'고 정의했다. 이 긴 문장 하나가 우리 시대에 가장 가혹한 제재 정책의 법적 근거가 되었다.

위의 조항이 효과가 없을 시, 헌장의 7장 제42조는 '회원국'이 주권국가에 무력을 사용할 수 있도록 했다. 이렇게 일부 '회원국'이 다른 나라보다 더 많은 권력을 갖게 되었다. 그리고 한 국가가 압도적인 힘을 추구했다. 바로 미국 말이다.

UN 헌장이 비합법적인 개입주의에 법적 틀을 제공했다는 점을 인지해야 한다. UN 총회 성원인 200여 개국이 아니라 안보리 상임이사국 5개국이 주권국에 언제, 어떻게 개입할지를 결정하는 권한을 가진다.

1945년부터 1989년까지, 소련은 UN의 허점이 제멋대로 이용되는 것을 막는 역할을 했다. 이 허점은 예전 식민 지배국이 현대적인 형태로 식민지 전쟁을 지속할 수 있도록 뒷문을 열어 주었다. UN이 설립된 직후 10년 동안, 소련이라는 방패가 갖는 중요성은 명백했다. 소련은 UN이 중국 대표단을 국민당에서 중화인민공화국 대표단으로 교체하지 않는 것에 반대해 안보리를 보이콧했다. 이 시기에 서구는 북한 공산주의 세력에 맞서 UN을 무기로 삼아 남한에 개입하려 했다. 소련은 UN의 이 같은 행동에는 거부권을 행사하지 못했고, 보이콧을 철회할 수밖에 없었다. 결국 소련은 UN에 복귀했다. 안보리에서 행사된 거부권 중 처음 56개는 모두 소련이 행사한 것이었다. 소련의 방패는 주로 반식민주의, 민족해방 문제에서 그 중요성이 부각된다. 팔레스타인 투쟁에서 남로디지아의 투쟁, 남아프리카공화국의 해방 투쟁에서 베트남 해방전쟁에 이르기까지 민족해방 과정을 수호하기 위해 거부권을 행사한 곳은 바로 소련이었다.

헨리 캐벗 로지는 1953년에 미국 UN 대사 자격으로 UN을 방문했다. 그는 식민 지배에서 벗어난 신생국들이 소련에 우호적인 태도를 보이는 것을 보고 두려움에 휩싸였다. 로지는 심리전략위원회를 구성해 어떻게 하면 소련을 제국주의자처럼 보이게 할 수 있는지 조언하도록 했다. 후에 브루킹스연구소Brookings Institute를 이끌게 되는 아서 콕스는 로지의 계획에 대해 부정적으로 서술했다. 1953년에 쓴 비망록에서 콕스는 "국가로서 우리에게 당면한 가장 큰 문제는 소련의 권력과 그 권력을 전복하는 것이었다. 그렇기에 다른 모두도 똑같이 그럴 것이라고 가정하는 크나큰 실수를 저질렀다고 생각한다."라고 적었다. 콕스는 현실을 존중하는 자유주의자였다. 그는 "소련이 저지른 끔찍한 범죄에 대해 아무리 이야기한다 하더라도, 해방된 세계에 살게 된 수백만에게 소련 공산주의가 그들에게도 중요한 문제라는 점을 납득시킬 수는 없을 것이다. 그런 이야기가 사실이 아님을 그들도 알기 때문이다."라고 통렬하게 비판했다. 반면 로지는 이러한 말에 귀를 기울이지 않았다. 그는 미국이 언론에서 영화에 이르는 방대한 문화적 장치를 활용해 소련 때리기에 나서면 성공할 것이라 생각했다. 심리전략위원회의 최종 프로그램에는 소련을 제국주의자로 그리고, '신식민주의자'로 칭하라고 되어 있다. 미국 관료들은 '소련은 식민지 민중 해방 문제가 자신들의 주요 관심사라고 설파하면서, 자신이 우위를 점한 모든 국가를 무자비하게 자신들의 종속국으로 바꿔 놓았다.'고 적었다. 이 글이 나온 1953년 8월, CIA는 이란의 민주적 지도자 모하마드 모사데그 총리를 실각시켰다.

"나는 미국에 충성한다."

'허브 앤 스포크Hub and Spoke'라는 용어는 미국 국무부에서 초기에 사용하던 말이다. 여기서 허브(바퀴의 중심축)는 미국이고, 스포크(바큇살)는 미국의 동맹국이다. 구 식민 열강의 양대 산맥이던 프랑스와 영국은 이전의 우월적 지위를 2차 세계대전이 끝난 후 10년이면 회복할 수 있으리라 생각했다. 그러나 그런 일은 일어나지 않았다. 프랑스와 영국은 각각 말라야에서 알제리, 베트남에서 기니에 이르는 곳까지 실속 없는 식민 전쟁을 수행했다. 여기서 핵심은 이전의 식민 열강들을 위협한 아랍민족주의의 등장이었다. 나세르가 이끄는 이집트는 프랑스에 맞선 알제리 혁명 투쟁과 이라크 왕정 타도 혁명을 지원했다. 식민 지배국이 자신의 권력을 유지하려면 이러한 민족해방운동 세력의 뿌리를 뽑아야 했다. 프랑스와 영국은 수에즈 운하에 대한 통치권을 주장하고, 아랍 민족해방운동의 역할에 타격을 가하고자 수를 썼지만, 그러한 시도는 1956년에 실패하고 말았다.[6] 유럽이 세계 질서를 이끌던 시대가 막을 내린 순간이었다. 미국은 이 사건에 크게 분노했다. 그리고

---

6 1956년 7월, 이집트 대통령 나세르는 수에즈 운하의 통행료 징수와 함께 관련 기업 국유화를 선언했다. 이에 10월 29일 이스라엘은 이집트를 침공했으며, 11월 5일에는 영국과 프랑스가 이집트에 선전포고를 했다. 영국과 프랑스는 수에즈 운하의 통치권을 회복하고 나세르를 축출하려 했지만 UN의 철군 요구와 세계 여론의 압박으로 패배하였고, 나세르의 권력은 강화되었다.

구 세계를 벌하고 이 상황을 활용해 자신의 권위를 확보하려 했다. 이제 영국과 프랑스는 미국을 중심으로 하는 바퀴에서 바큇살 역할을 하게 되었다.

주요 산업 강대국 중에서도 미국은 2차 세계대전으로 인한 피해를 가장 적게 입었다. 미국의 도시 중에 폭격을 당한 곳은 한 군데도 없었고, 생산 기반이 심각하게 무너진 곳도 없었다. 미국의 과학자와 공학자는 제조업 생산량을 증대하고, 다른 국가보다 먼저 세계에서 맹위를 떨치기 위한 기술을 서둘러 개발하고자 역량을 더욱 키웠다. 미국의 2차 세계대전 사상자 수는 다 해도 40만을 조금 넘는 정도였다. 막대한 산업 및 기술적 이점과 군사력을 가진 미국은 2차 세계대전 후 두말할 나위 없는 지배적 권력으로 떠올랐다. 니츠가 '압도적 힘', 전 지구에 걸친 영원한 권력을 요구했던 것도 무리는 아니었다.

반면, 소련의 경우 스탈린그라드 전투에서만 시민 120만 명이 사망했다. 나치가 소련의 산업 기반을 폭격하면서 소련의 제조업은 큰 타격을 받았다. 벨라루스 및 우크라이나의 핵심 지역에 위치한 제조업 기반의 80퍼센트 이상에 달하는 기업 3만 2천여 곳이 2차 세계대전 중에 망했다. 주로 전시 생산용 제조 시설만이 시베리아 서부로 급히 옮겨졌다. 자본금은 30퍼센트 감소했다. 1942년 소련 국민소득 가운데 3분의 2가 전쟁에 할당되었고, 1940년 가계 소비는 국민소득 대비 74퍼센트였지만 1945년에는 국민소득이 이전보다 훨씬 하락했음에도 가계 소비가 국민소득 대비 66퍼센트로 떨어졌다. 전쟁이 끝날 즈음이 되자 소련 국민들은 전쟁 비용으로 평균 25년치 수입을 잃게 되었다. 마셜 플랜을 통해 아주 미미한 금액, 주요 교전국이었던 독일보다도 적은 금액을 제안 받았던 소련은 이 제안을 거부하고 자국민의 자원 생산에 의지했다. 소련 민중이 나치의 맹공격에 끝까지 저항하면서 쌓아 올린 권위와 반파시즘 저항에서 공산주의자들이 전 세계적으로 영향을 미친 데 따른 위신을 제외하고 나면, 소련은 더 이상 세계에서 힘을 행사할 수 있는 위치가 아니었다.

유럽과 소련만 파괴되고 약화된 것이 아니라, 북아프리카와 아시아에 이르는 국가들 역시 비슷한 상황이었다.

전쟁이 그 끝을 향해 달려가면서 미국이 최강대국으로 서게 될 것이 분명해졌다. 산업 중심지는 군건했고, 통화도 강세였으며, 문화 산업이 전쟁 트라우마를 겪지도 않았기 때문이다.

2차 세계대전이 종식하기 1년 전인 1944년, 미국은 전 세계 정부 관료들을 뉴햄프셔주 브레튼우즈에 불러 모아 새로운 세계 질서를 논하는 회의를 개최했다. 이 회의가 서로 동등한 입장에서 진행되는 것이 아닌, 항복 조건을 정하기 위한 자리임은 분명했다. 미국은 다른 세계를 접수하기 전에 먼저 유럽의 미래부터 처리해야 했다. 유럽은 파산했을 뿐 아니라 각국의 통화 역시 가치를 잃었다. (대부분 나치의 라이히스마르크에 종속되어 있었기 때문이다.) 미국은 금값과 연계시킨 달러(1온스 당 35달러)에 유럽 각국의 통화를 고정시켰다. 이 회의에서 세계은행과 IMF가 탄생했다. 이들 기구의 목적은 파괴된 세계를 재건하고 동요하는 자본주의를 안정시키는 것이었다.

브레튼우즈에서 미국 대표단은 유럽의 힘을 약화시키고자 했다. 미국은 이미 1942년 2월에 만들어진 무기대여법 제7조에서 영국이 영국령 식민지 경제의 목줄을 쥐고 흔들어서 다른 식민지 열강에게 손해를 끼치는 '제국 특혜' 체제를 끝내야 한다고 했다. 빚과 절망에 허덕이던 영국은 이제 미국의 앞이 아니라 뒤에 서야만 했다. 미국 상원 은행위원회 의장이던 로버트 와그너 상원의원은 브레튼우즈에서 당시 재무부 장관이던 헨리 모겐소와 그의 보좌관 해리 덱스터 화이트에게 유럽 국가가 여전히 식민지를 보유하고 있기 때문에 세계은행과 IMF에서 유럽의 쿼터가 늘어나서는 절대 안 된다고 말했다. 화이트가 "[네덜란드령 동인도와 관련해] 뭐라도 하면 네덜란드 여왕이 매우 심기가 불편해질 것 같습니다."라고 하자 와그너는 "네덜란드 여왕? 그 여자가 여왕인 것은 맞지만 우리 여왕은 아니지 않나. 나는 미국에 충성한다네."라고 답했다. 1947년 2월, 미국 국무부 장관 딘 애치슨은 "이제 열강 두 곳만이 남았다. 영국은 끝났다."고 말했다. 그 역시 예전 식민지 열강 모두가 천천히 저물어가고 있다고 말했을지도 모르겠다. 소련이 엄청난 문제를 겪고 있는 상황에서, 미국이 전후 세계 최강이 되었다고 이야기하는 것이 더 정확했을 것 같다.

1947년에 미국 국무부 장관 조지 C. 마셜은 하버드 대학교에서 나중에 마셜 플랜으로 명명될 계획에 관해 강의했다. 이 계획에서 미국은 유럽 대륙의 재건을 위해 120억 달러를 약조한다. 그러면서 미국은 마셜이 '유럽 국가들 간의 협약'이라고 했던 것과 같은 일종의 정치적 단결을 유럽 각국에 촉구했다. 미국의 압박은 유럽경제협력위원회CEEC 신설로 이어졌고, CEEC는 나중에 최초의 범서유럽 기구인 유럽경제협력기구(OEEC, 1948)가 된다. 그렇게 '유럽'은 하버드에서 태어났다.

니츠가 비망록을 썼던 1952년에는 의심할 여지없이 미국이 서유럽에 '압도적인 힘'을 행사하고 있었다. 1949년, 미국 주도로 서유럽 강국들이 북대서양조약기구NATO에 가입했다. NATO는 미국의 우산 아래 유럽이 군사적으로 단결한 것으로, 애치슨도 말했듯 "우리 미국 역사상 완전히 유례 없는" 한 수였다.

파트너십 따위는 없었다. 미국이 조건을 정했다. 돈과 산업 역량을 갖춘 곳은 미국뿐이었기 때문이다.

존 메이너드 케인스 경은 브레튼우즈와 조지아주 서배너에서 연달아 열린 회의에 모두 참석해 양도 조건에 서명했다. 그는 IMF와 세계은행의 본부를 적어도 뉴욕에 두어, 미국 재무부의 완전한 영향력 아래에 있지 않을 수 있도록 할 수 있는지 물었다. 미국 재무부 장관 프레드 빈슨은 이 기관들의 본부는 워싱턴 D. C.에 있을 것이고, "이것이 최종 결정 사항이며, 이에 관해 회의 참가자들이 논의할 준비가 되어 있지 않다는 것이 장점"이라고 말했다. 몹시 괴로워하던 케인스 경은 런던으로 돌아가 숨을 거두었다.

이제 서유럽은 미국의 힘을 보여주는 하나의 바큇살이 되었다.

공산주의에 맞서 미국과 연대하다

각종 조약 기구는 이러한 바큇살을 만드는 기제로 작동했다. 1948년에 만들어진 미주기구OAS가 그 시작이었다. 여기에는 미국이 그동안 자신의 '뒷마당'이라고 생각했던 국가들이 참여했다. 콜롬비아 보고타에서 진행된 첫 회의에서 미주기구 본부를 워싱턴 D. C.에 있는 구 범미연맹 건물에 두기로 하면서, 누가 이 기구를 좌지우지하는지 명확해졌다. 1947년 11월 1일 자 CIA 비망록에 따르면 미국은 '소련이 라틴 아메리카에서 목표하는 바'에 대해 우려했다. 이 우려가 미주기구 결성에 결정적 역할을 했다. 국무부 장관 마셜은 콜롬비아에서 열린 이 회의에 돈뿐만이 아니라 워싱턴 D. C.를 뒤흔든 반공주의 광풍도 함께 가지고 왔다.

마셜이 아메리카 대륙 국가 지도자들과 협상 테이블에 앉아 있던 때, 가난한 콜롬비아 민중의 대변자이자 대통령 후보였던 호르헤 가이탄이 괴한의 총격으로 사망했다. 이때 멀지 않은 곳에서는 존 맥클로이가 이끄는 세계은행 대표단이 마셜 플랜이 아니라 미국 다국적기업과 콜롬비아 지배계급이 소유한 은행 계좌로 얽히고설킨 거미줄에 걸린 콜롬비아 경제를 논리적으로 정당화하기 위해 방문 중이었다. 가이탄 암살에 분노한 콜롬비아 민중이 보고타 거리로 쏟아져 나왔고, 이 시위는 나중에 '보고타소Bogotazo'라고 불리게 되었다. 미주기구 회의에 참가 중이던 마셜은 이러한 시위가 '서반구에서 최초로 일어난 주요한 공산주의의 공격'이라고 말했다. 그러나 이는 틀린 말이다. 1948년부터 심각한 폭력 상태를 일컫는 이른바 **라 비올렌시아**La Violencia(문자 그대로 폭력을 의미)에 신음하던 콜롬비아가 또 한 번 숨을 헐떡였을 뿐이었다. 그럼에도 대중이 역사의 주인이 되는 것을 두고 볼 수가 없었던 콜롬비아 지배계급은 국가 권력을 총동원해 콜롬비아에서 희망을 말살했다. 반공이라는 미명 하에 콜롬비아 지배계급은 스스로 미국에 종속되었다.

마셜은 회의장이 "완전히 파괴되었다."며, "회의 기록이나 장비가 다 훼손되었다."고 말했다. 그는 온두라스 대표단 숙소에서 만난 여러 대표단에게 보고타에 "유혈이 낭자하며 화재가 여전히 계속되고 있다."고 했다. 마셜이 이렇게 말하는 동안, 콜롬비아 지배계급은 하나로 단결해 보수-자유주의 정부를 세웠고, 공산주의자를 체포했다. 이때 체포된 공산주의자는 나중에 증거 불충분으로 풀려났다. 이러한 사태에도 1949년에 미국 외교 협회는 연구 조사에서 이 사건에 대해 "공산주의자들이 시위를 실제로 시작한 것이 아니더라도 이를 유리하게 활용했음은 자명하다. 그들은 회의를 방해하고 깎아내리려고 갖은 방도를 다 썼다."고 강조했다. 미국도 효과적으로 영향력을 발휘했다. 마셜은 "많은 라틴 아메리카 정부에서 공산주의가 기존 질서를 위협하는 것을 진심으로 우려했다. 특히 공산주의에 맞서 미국과 연대하는 것을 선언하더라도 잃을 것이 없거니와 오히려 득이 될 수 있다는 점을 모두가 인지했다."고 말했다. 9차 보고타 범미주회의 최종 결의안에 서명한 라틴 아메리카 지배계급은 '국제 공산주의 또는 기타 전체주의에 복무하는 자들이 이 대륙 민중의 진정하고 자유로운 의사를 왜곡하지 못하도록 할 것.' 즉 라틴 아메리카 지배계급의 통치를 유지할 것을 약속했다. 그리고 결의안 마지막에는 라틴 아메리카 지배계급이 공산주의자에 관한 '전면적인 정보 교환을 추진'하고 공산주의자의 '활동을 예방 및 근절하기 위해 필요한 조치'를 취할 것이라며, 유행하는 반공산주의 언어를 다 갖다 붙였다. 서반구 좌파를 대상으로 자행한 학살[7] 때문에 공산주의자를 **근절**한다는 말은 더욱 특수한 의미를 갖는다.

가이탄이 암살당하고 며칠 지나서, 라틴 아메리카 지역의 희망을 되살리려는 내용을 담은 전단지를 배포했다는 이유로 보고타에서 쿠바인 두 명이 체포되었다. 해당 전단지에는 네 가지 요구사항이 쓰여 있었다. 도미니카공화국의 악랄한 독재자 라파엘 트루히요를 몰아낼 것, 푸에르토리코의 독립, 영국이 말비나스 제도를 아르헨티나에 반환할 것, 마지막으로 미국이 파나마 운하 관리에서 손을 뗄 것이었다. 이것은 반식민주의 시대의 기본적인 요구였다. 붙잡힌 학생은 피델 카스트로와 라파엘 델 피노 시에로였다. 그들은 보고타에서 라틴 아메리카 학생 회의를 조직하고 있었다. 이 둘은 석방되었을 때 가이탄의 암살 소식을 들었다. 피델은

---

7 원문에 쓰인 학살이라는 단어 'pogrom'은 원래 19~20세기 러시아에서 우크라이나인과 폴란드인 폭도가 황제의 묵인 아래 유대인을 학살한 것을 지칭하는 단어다. 이 단어는 사회 내 특정 소수에 대한 대규모 폭력 및 박해를 정부가 암묵적 혹은 공개적으로 허용하는 것을 뜻한다.

강철봉을 휘두르며 시위에 합류했다. 나중에 그는 자신의 전기를 쓴 작가 카티우스카 블랑코 카스티네이라에게 "그때의 경험에서 대중 투쟁을 배웠다."고 말했다.

미주기구, 라틴 아메리카 지배계급, (세계은행 같은 다자기구를 통해 개입한) 미국 정부는 아메리카 대륙과 이 지역의 바쿳살[동맹국]에 적용될 조건을 수립했다. 이 조건은 신속하고 맹렬하게 전 세계로 전파되었다. 미국은 1949년에 NATO, 1954년에 동남아조약기구(SEATO, 마닐라 조약), 1955년에 중앙조약기구(CENTO, 바그다드 조약)의 창설을 주도했다. 이 같은 '조약기구'는 탈식민지 국가를 미국 가까이에 묶어 둠과 동시에 소련, 중화인민공화국, 베트남사회주의공화국, 조선민주주의인민공화국을 포위하기 위해 만들어졌다. 1950년 2월, 소련과 중국은 우호동맹상호원조조약을 체결했다. 이 조약은 반드시 약화되어야 했다.

"정부에 공산주의자는 안 된다. 그렇지 않으면 혼쭐이 날 것."

바쿳살을 만들어야만 했다. 이것은 계급 전쟁을 의미했다. 제국주의를 선호했던 계급은 주로 옛 귀족, 지주, 신흥 자본가였다. 여기에 사회주의와 공산주의 세력에게 자신들이 등 떠밀릴 것을 확신했던 위계적 종교 질서와 같은 전통 세력들도 합류했다. 공장

주, 봉건 영주, 지주, 성직자는 CIA 및 CIA의 하수인에게 달려가 도움을 주거나 그들로부터 도움을 받았다. 이들은 자신들의 계급에 적대적인 세력에 맞서기 위해 제국주의 세력과 공모했다. 2차 세계대전 직후 수년간 계급 간 충돌이 벌어졌고, 여기서 CIA는 지배 엘리트가 민주주의에 반해 그들의 재산과 특권을 유지하도록 도왔다. 바큇살은 이러한 계급 전쟁 속에서 탄생했다.

노동자와 농민의 정당이 권력에 가까워지거나 집권한 경우, 또는 제국주의 질서를 거부하는 경우, 권력 획득을 막거나 이들을 자리에서 쫓아내야 했다. 미국이 UN이나 국제법으로부터 권한을 받지 않으면서도 가장 많이 활용한 수단은 선거 개입과 **쿠데타**였다.

이때 명백한 동맹이라고 여겨지는 국가들끼리 서로 협력해야 했다. 제국주의의 태생적 동맹인 유럽이 나치에 협조했던 반면, 이들에게 명백한 적이었던 공산주의 세력이 나치즘에 맞선 투쟁에서 영웅적인 역할을 했던 점은 제국주의 입장에서는 참으로 아쉬운 일이었다. 프랑스에서 유고슬라비아에 이르기까지 공산주의 세력의 인기는 하늘을 찔렀다. 이 계급 전쟁에서 공산주의는 파괴되어야만 했고, 옛 사회 엘리트는 (나치조차도) 권력을 회복해야만 했다. CIA는 서독에서 겔렌 조직(후에 겔렌을 수장으로 하는 서독연방정보부에 흡수됨.)이라는 반공 단체를 만든 나치 정보 장교 라인하르트 겔렌과 매우 만족스럽게 협업했다. 서독에서 CIA가 나치를 주요 자산으로 확보하고 있었다는 점, 그리고 그 나치가 홀로코스트로부터 단 10년 만에 서독연방정보부를 설립한 사람이라는 점, 여기서는 그 어떠한 수치심도 찾아볼 수 없다.

CIA는 1949년 비망록에서 알바니아 민족해방전선 빨치산 연대 소속 공산주의자들이 '실제로 효과적으로 싸웠다.'고 인정했다. 인근 유고슬라비아에서는 티토 원수의 빨치산이 외부 지원이 거의 없는 상황에서도 나치를 물리쳤다. 공산당이 빨치산의 상당수를 차지했던 그리스도 마찬가지였다. 1945년 알바니아 총선에서 공산주의 세력은 민주전선으로 출마해 전 의석을 획득했다. 미국과 영국에서 온 선거 감시단은 이것이 공정한 선거였음을 마지못해 인정했다. 그들이 선호했던 알바니아 후보는 파시스트와 협력한 사람이었다. 그런 후보에게 표를 던지려는 사람은 아무도 없었다. 선거 감시단의 귀에는 젊은 빨치산의 목소리로 복수를 요구하는 〈젊은이여, 복수해다오Hakmarrje Rini〉라는 빨치산 노래가 들려왔다. 나치에 조력했던 알바니아인과의 계급 협조란 있을 수 없는 일이었다. 이러한 태도는 나치 부역자까지 포함하는 국민 통합 정부를 구성할 생각이 없었던 그리스공산당KKE에서도 나타났다. 그들은 그리스민주군이라는 이름으로 산에 들어가 1946년부터 1949년까지 내전을 치렀다. 콘스탄티노스 찰다리스가 이끄는 우파 정부는 군주제와 (마피아와 같은 거리의 **파라카토스**parakatos들과 함께) 조직 폭력 행위에 푹 절어 있었지만, 미국의 돈과 지원으로 에너지를 얻었다. 달러는 유럽의 다 죽어가던 반동 정치 진영을 소생시켰다. 그리스의 우파 정부는 공산주의 세력을 상대로 최대한 폭력을 행사할 수 있는 허가를 받았다. 워싱턴에서는 이 비틀거리는 파시스트 정부를 대신해 세계 언론을 통제하면 되었다.

멀리 떨어진 일본에도 비슷한 정치 공식이 필요했다. 일본의 엘리트는 아시아와 2차 세계대전에서 참혹한 전쟁을 벌인 결과로 정당성을 상실했다. 미국은 1946, 1947, 1949, 1952년에 치러진 조기 선거를 지도했다. 미 점령군은 가까스로 극우 세력(자유당)과 자유주의 세력(민주당)이 연정을 통해 사회주의자와 대적하도록 만들었다. 1947년 총선에서 사회당이 승리하고, 당수이던 가타야마 데츠가 1년간 총리직을 맡았다. 그의 충격적인 승리 한 달 후, 미국 국무부의 선동에 넘어가고, CIA로부터 상당한 자금을 지원받은 민주당과 자유당이 함께 민주자유당(민자당)을 창당했다. 민자당은 옛 파시스트(하토야마 이치로, 기시 노부스케)를 흡수하고 대기업과 범죄 조직(일본 극우 CIA 요원 고다마 요시오)과 탄탄한 관계를 형성해 이후 38년간 일본을 통치(민자당은 1950년에 자유당으로, 1955년에 자유민주당(자민당)으로 당명을 변경)했다. 일본에서 사회주의 및 공산주의 세력에 대한 존경심은 모두 훼손되어야 했다. 이제 일본은 미국의 중요한 바큇살이 되었다.

프랑스, 이탈리아, 독일은 향후 수십 년간 가장 중요한 서구 동맹국으로서 당연히 미국과 다국적기업의 수하가 될 것으로 보였다. 그러나 실상은 그렇지 않았다. 프랑스와 이탈리아에서는 반파시스트 저항에서 보여준 리더십 덕분에 공산주의 세력이 가장 강력한 정치 세력으로 부상했다. 미국 국무부 장관 마셜은 프랑스

총리 폴 라마디에와 이탈리아 총리 알치데 데 가스페리에게 공산주의자를 장관직에 두는 나라에는 자금을 지원하지 않을 것이라고 말했다. 이탈리아에서는 공산주의자 파우스토 굴로가 농업부 장관을 역임하며, 지주와 마피아 간의 오랜 동맹 관계 때문에 시행하지 못했던 기본적인 토지개혁을 포함해 농촌에서 강한 개혁을 시작했다. 보수파인 데 가스페리도 굴로를 통제하지 못했다. 프랑스에서는 공산주의 세력이 선거에서 4분의 1을 득표해 라마디에의 사회주의 정부에서 주된 역할을 맡고 있었다. 마셜은 자신의 일기에 "나는 라마디에에게 '정부에 공산주의자는 안 된다. 그렇지 않으면 혼쭐이 날 것'이라고 말했다."라고 썼다. 직접적인 협박이었다. 프랑스에서 파업 물결이 일고, 이탈리아에서 마피아가 공산주의자 민병대를 공격하자, 양국 총리는 이를 변명거리로 삼아 공산주의 세력을 정부에서 일소했다. 미국은 두 총리를 치하하고 그에 합당한 대가를 제공했다. 이 돈은 미국 재무부에서만 나온 것이 아니었다. 다국적기업에서도 돈을 댔다. 엑손사는 1963년부터 1972년까지 이탈리아 기독교민주당에 500만 달러 가까이 기부했다. 이는 공산주의를 상대로 한 연성 쿠데타였다.

이것은 값비싼 도구를 만드는 과정이었다. 그 끝에 바큇살이 완성되었고, 이 바큇살은 계급적 이해 때문에 향후 수십 년간 충성스럽게 기능했다.

"그 어떠한 것도 용납할 수 없다."

1943년 5월, 소련은 코민테른을 해체했다. 나치의 침공에 시달리던 소련은 미국과 영국을 달래고자 했다. 소련은 연합군이 유럽에 새로운 전선을 형성해 나치의 맹공격으로부터 자신들이 받는 압박을 완화해 주기를 바랐다. 1943년 9월, 연합군이 마침내 이탈리아에 상륙했다. 전쟁이 끝난 후, 소련은 공산주의국가정보국 (코민포름)을 만들어 유럽의 동쪽 가장자리에 있는 자신의 동맹 세력(프랑스와 이탈리아 포함)들을 한데 묶고자 했다. 피식민 국가의 공산당은 코민포름의 회원이 아니었다. 그 대신, 이들은 국제민주여성연맹, 세계민주청년연맹, 세계평화평의회, 국제민주변호사협회 등과 같이 인적 교류를 하는 공산주의 기구에 가입했다. 이러한 대중 전선은 전후 기간에 공산주의자와 동맹 세력 간의 주요 연결 통로로 기능했다. 그러나 코민테른처럼 소련의 자원을 전 세계 혁명에 전파하는 역할을 하는 곳은 없었다. 베트남 등지에서 혁명이 일어났지만(1945) 소련으로부터의 지원은 최소한에 그쳤고, 거의 자신만의 힘으로 혁명을 이뤄야 했다.

2차 세계대전 후의 주요 모순은 미국을 위시한 자본주의 국가와 소련 간의 냉전이 아니었다. 일본에 원자폭탄 투하를 인가했던 미국 대통령 해리 S. 트루먼은 모든 수단을 동원해 소련의 영향력과 공산주의의 확산을 저지, 또는 최소한 통제라도 하기 위해

1947년에 독트린을 발표했다. 트루먼 독트린[8]은 미국이 자국의 자산을 활용해 그리스, 프랑스, 이탈리아의 선거에 개입하는 것을 승인하고, 비대칭 전쟁과 하이브리드 전쟁을 통해 탈식민지 전쟁을 방해할 구실을 제공했다. 새로운 시대의 주요 모순은 바로 탈식민주의 세력(반식민지 민족해방운동에 연대한 소련도 포함)과 제국주의 세력 간의 모순이었다. 미국이 주도하는 제국주의의 특성은 동-서 간 냉전보다는 남반구-북반구 간 모순을 통해 형성되었다.

1953년 미국 국가안전보장회의NSC는 미국의 전 세계적 이해에 대해 솔직하게 이야기하는 보고서를 제작했다. NSC 보고서에 따르면, 미국은 "생산지에서 자유 세계로 옮겨지는 석유의 이용을 심각하게 방해하는 그 어떠한 것도 용납할 수 없도록" 해야 한다. 이는 화석연료로 구동되는 자본주의에 필요한 석유의 주요 생산자로 이미 자리매김하고 있던 걸프 지역을 말하는 것이었다. 미국은 "석유가 언제나 이용 가능하고 자유 세계를 강화하는 데 사용될 수 있도록 모든 노력을" 기울여야만 한다.

이 '자유 세계'라는 말은 트루먼이 중요시했던 용어다. 이 말은 2차 세계대전 중 파시즘에 대항하여 싸운 국가들을 지칭하기 위해 사용되기 시작했다. 그러나 정작 영국과 프랑스 등 많은 '자유 세계' 국가가 식민지에서 독재정권을 유지하고 있었다. 트루먼 정

8 1947년 3월 트루먼이 의회에서 선언한 미국 외교 정책에 관한 원칙으로, 공산주의 확대를 저지하기 위하여 자유와 독립 유지에 노력하며, 소수의 정부 지배를 거부하는 의사를 지닌 세계 여러 나라에 군사적·경제적 원조를 제공한다는 것을 골자로 한다.

부는 1950년의 진실 캠페인이나 파시즘과 공산주의의 정체성을 논한 한나 아렌트의 저서 《전체주의의 기원》(1951) 출판을 성대하게 축하한 것 등의 대규모 심리전을 통해 이 용어를 무기화했다. 서구 자유주의가 자유와 동의어로 쓰였지만, 사실 이러한 행위야말로 전체주의적이고 사상의 자유를 억압하는 것이었다. 이 '자유 세계'는 미국이 이끄는 세계였다. 미국이 옹호하는 것은 '자유'이고, 미국의 적은 부자유를 일삼는 세력이라는 것이다.

그러니 이 심리전이라는 감옥에서, '자유 세계'는 식민지 세계의 자원을 요구하는 것이 매우 타당하다고 생각한다. 어차피 식민지 세계는 다른 이들의 자유를 위해 자신의 부를 내놓아야 할 테니 말이다.

1950년 트루먼은 압둘 아지즈 알 사우드 사우디 아라비아 국왕에게 미국이 가졌던 다란Dhahran 공군 기지의 권리를 갱신하는 것과 관련하여 서한을 보냈다. 다란 공군 기지는 미국이 사우디 아라비아의 충성을 확보할 수 있는 수단이었다. 이 모든 행위의 기저에는 석유가 있었다. 트루먼은 사우디 아라비아 국왕이 '현명한 리더십'을 가지고 있고, 사우디 아라비아가 '근동[9] 세계에서 평화의 보루' 역할을 하고 있다며 찬사를 보냈다. 사우디 아라비아의 이 '현명한' 지도자는 1945년 6월부터 석유 생산지에서 일어나

---

9   보통 북동아프리카, 서남아시아, 발칸반도 등 지중해 동쪽 연안 지역을 가리킨다. 현대 서구(유럽) 지리학자의 시각에서 보았을 때 동양 중에서도 서구(유럽)에 가까운 동양을 말한다. 2차 세계대전 이후에는 명칭이 중동으로 바뀌었지만, 이 말은 종종 혼용된다.

는 심각한 노동자들의 투쟁에 대응해야 했다. 투쟁은 1953년에 더욱 심화되었다. 공산주의자가 노동자 시위에서 주요한 역할을 했고, 이러한 시위는 사우디 아라비아와 미국의 합작 석유회사인 아람코ARAMCO에 위협적이었다. 신속하게 석유를 서구로 보내는 것을 현명한 리더십이라고 한다면, 이 현명한 지도자는 노동자, 특히 공산주의자를 대상으로 갖은 수단을 동원할 수 있는 허가를 받은 것이나 다름없었다. 사우디 아라비아 왕실은 자국 노동자와 공산주의자로부터 위협을 받았지만, 냉전을 활용해 미국과의 관계를 더욱 탄탄하게 하고자 했다. 다란 공군 기지는 석유 생산지 안에 있다. 따라서 다란 공군 기지에 미군이 주둔하는 것은 공산주의자 반란에 대비한 보험이었다. 같은 해에 사우디 아라비아는 미국과 아람코의 석유 수익금을 50 대 50으로 나누기로 했다. 사우디 아라비아는 기꺼이 이 대가를 지불했다. 자국의 자원을 짜내어 미국에게 바치고 자신의 권력을 유지할지언정 이 자원으로 거둔 수익을 석유 노동자와 나누고 싶지는 않았기 때문이다. 사우디 아라비아 왕실은 1951년 상호방위원조협정을 통해 스스로를 미국에 종속시켰다. 사우디 아라비아 왕실과 유전을 수호하는 것은 이제 미국의 책임이 되었다.

1953년 NSC 보고서는 **그 어떠한 것도 용납할 수 없다**고 했다. 카티프Qatif에서 일어난 노동자 봉기나 공산주의 단체도 안 되고, 언론의 자유나 집회 결사의 자유와 같은 '자유 세계'의 기본적인 요소조차도 안 된다. 1956년 6월 일어난 석유 노동자의 파업은 사우디 아라비아 기관의 전면적 탄압으로 진압되었다. 이 일을 다룬 신문은 모두 폐간되었고, 노동운동 지도자와 공산주의 활동가가 장기간 감옥에 수감되었다. 석유는 [자유 세계로] 흘러야 했다. 민중의 자유가 아니라 석유의 자유가 중요했다. 민중의 자유는 용납할 수 없는 것이었다.

제3세계 프로젝트

1955년에야 아프리카와 아시아의 탈식민지 국가가 모인 반둥 회의가 열렸다. 한편 제3세계 진영이 완전히 수립되지 않은 시기에 미국이 선동한 쿠데타가 이란(1953)과 과테말라(1954)에서 일어났다. UN에서 소련이 쿠데타에 이의를 제기했지만, 이미 중소 분쟁이 진행 중이었고, 이러한 분쟁은 '적색지대'가 쿠데타 같은 책략에 굳건히 맞설 능력을 심각하게 저해했다. 반둥회의 이후 강력해진 제3세계 진영은 더욱 믿을 만한 방패로서 소련을 끌어들일 수 있었다.

1960년 12월 열린 UN 총회에서 탈식민지화에 관한 결의안이 통과되었다. 세계는 "해방의 흐름은 막을 수 없으며 이는 불가역적"이라는 데 동의했다. 이 결의안은 쿠바에서 베트남, 인도네시아에서 이집트에 이르는 국가들이 벌였던 주요한 투쟁의 성과였다. 1960년대를 거치면서, 구 식민지 세계는 식민주의와 제국주의로부터 자유로워질 필요성을 폭넓게 이해하게 되었다. 다양한 민족해방 투쟁의 성격은 투쟁을 주도하는 조직의 계급 전선에 따라 다르게 나타났다. 이러한 차이점은 반식민지 세계의 신생 국가 간 분열로 이어졌다. 사우디 아라비아에서 탄자니아에 이르는 각국은 우파 또는 좌파로 성향이 달랐지만, 모두 1961년에 창설된 비동맹운동에 남아 있었다. 1973년에는 우파 국가조차 비동맹운동의 급진적 의제인 신국제경제질서NIEO를 인정했다. 실제로 사우디 아라비아와 브라질같이 군주제와 군사독재가 깊이 뿌리내린 국가들도 세계 경제와 정치 질서가 개편될 필요가 있다는 논조가 갖는 장점을 알고 있었다.

1955년, 2차 세계대전 후 독립을 쟁취한 신생국들이 인도네시아 반둥에 모였다. 그들은 나중에 '비동맹' 외교 정책으로 여겨지게 될 내용의 개요를 제시했다. 참여국들을 이끌던 것은 다양한 계급 전선과 그에 따라 각기 다른 국내 정책을 추구하는 다양한 정치운동 세력이었다. 그러나 이들은 전쟁(특히 핵전쟁)의 위험에 반대하고 국가 개발 조건을 만들어야 한다는 것에 대체로 동의했다. 이러한 국가들, 특히 이집트와 인도, 유고슬라비아가 1961년에 비동맹운동과 UN 탈식민특별위원회C24의 창설을 주도했다. 이 국가 간 운동은 1964년 UN 무역개발회의에서 형성된 77그룹G77에서 파생된 것이었다. 이 국가들의 의제를 바탕으로 만들어진 것이 바로 신국제경제질서의 핵심 내용이다. 그중에는 국가 경제 성장을 위한 보조금과 관세, 수출용 원료 광물의 가격을 보호하기 위한 카르텔, 은행이 설정한 터무니없는 이율을 우회하는 특혜 금융 등이 있었다.

1960년대 중반이 되자 비동맹운동은 좌우파 세력 모두로부터 도전을 받게 되었다. 비동맹운동 내 우파 국가들은 마닐라 '안보' 합의 또는 바그다드 '안보' 조약기구에 가입하거나 1969년 이슬람협력기구 창설(사우디아라비아, 모로코, 파키스탄이 주도.) 등을 통해 제국주의와 긴밀한 관계를 형성했다. 이들은 제3세계식 사회주의와 공산주의에 반대했다. 좌파 쪽에서는 쿠바의 주도로 건설된 트리컨티넨탈Tricontinental(삼대륙) 그룹에 무장투쟁으로 해방을 쟁취하고자 하는 국가와 민족해방운동 세력이 모여들었다. 트리컨티넨탈은 국가 수반뿐만 아니라 카보베르데부터 베트남에 이르는 국가의 민족해방운동 지도자를 규합했다. 베오그라드에서 있었던 비동맹운동 창립에도 참석했던 쿠바 대통령 오스발도 도르티코스 토라도는 1966년에 쿠바 아바나에서 개최된 삼대륙 회의에서 "국제 회의에서 도출된 임시방편, 각종 기구나 기술적 수단으로는 저개발 문제, 심지어는 독립 국가의 문제조차 해결할 수가 없습니다. 저개발의 원인은 다름 아닌 제국주의 지배 체제의 존재 때문이며, 이것에 맞서는 투쟁과 제국주의를 상대로 한 완전한 승리를 통해서만 이를 극복할 수 있습니다."라며 강한 어조로 제국주의와 화해하자는 분위기와 전략을 명쾌하게 비판했다. 1970년 잠비아에서, 1973년 알제리 수도 알제에서 열린 비동맹운동 회의에 이르자, 트리컨티넨탈의 정신이 비동맹운동의 핵심으로 자리 잡게 되었다.

1959년 쿠바 혁명은 거침이 없었다. 토지개혁부터 전기 및 주택 가격 통제까지, 피델 카스트로가 이끄는 신생 혁명 정부가 취한 모든 조치는 합리적이며 논리적이었다. 쿠바 정부가 이러한 합리적인 정책을 하나씩 실현할 때마다 지주, 쿠바의 자산 소유자, 미국의 다국적기업은 저항했다. 민중이 사회 발전을 시도할 때 사유재산이라는 끔찍한 편견이 발목을 잡을 것이라고 했던 마르크스의 자본주의 분석이 바로 이러한 저항으로 증명되었다. 카스트로는 공산주의자로서 아바나에 간 것이 아니었다. 재산을 소유한 사람(쿠바에 있든 미국에 있든 간에)들의 비열한 저항이 그를 공산주의자로 만들었다. 카스트로는 다국적 석유 및 전기 회사에 도전했고, 이 기업들은 그에 맞섰다. 그러나 쿠바 혁명은 그에 굴하지 않았고, 결국 원하는 바를 관철했다. 미국의 금수조치와 더불어 쿠바가 공산주의의 길을 걷기 시작한 것은, 미국이 카리브해에서 자유 국가를 용인하지 않았던 데에서 비롯되었다. 아이티도 1791년 혁명 후 유사한 운명을 맞이했다. 아르벤스가 축출당했을 당시 체 게바라는 과테말라에 있었다. 그는 미국을 믿어서는 안 되고, 무장한 민중이 혁명을 수호해야 함을 알고 있었다. 공산주의자 시인 인디오 나보리는 루이 14세의 그 유명한 말을 가져와 쿠바 노동자에게 바치며, **이제 내가 곧 국가다.**el estado, ahoro soy yo라고 표현했다. 카스트로는 1961년에 각지에서 모인 농민의 자녀 수천 명에게 학위를 수여하는 졸업식에서 이 구절을 인용하며 이제 국가는 당신들의 것이라고 말했다.

1966년, 카스트로는 각국의 민족해방운동 세력을 아바나로 초청했다. 1960년에서 1965년 사이, CIA는 최소 여덟 차례 카스트로를 암살하려 했다. (카스트로는 1975년에 조지 맥거번 미국 상원의원에게 암살 시도 횟수가 24회에 달했다고 말했다.) CIA 역시 그 시기에 두 차례 이상 독이 든 알약 및 펜, 그리고 치명적인 박테리아 가루 등을 마피아 갱스터에 들려 보내 카스트로 암살을 시도했지만, 모두 실패했다고 1975년 처치위원회에서 시인했다. 1961년, CIA는 피그스만을 통해 쿠바를 침공하려고 시도했다. 이것 또한 실패했다. 카스트로가 민중을 무장시켰기 때문이다. 이후 카스트로는 민족해방 세계와 사회주의 진영에 방패를 제공하기 시작했다.

한편, 1966년 체 게바라는 콩고의 저항 운동을 돕기 위해 탄자니아에서 비밀 임무를 수행 중이었다. 그는 《콩고 일기》에서 "인적 요인에서 실패했다."며 실망감을 드러냈다. 그는 "싸울 의지가 보이지 않는다. 지도자들은 부패했다. 한마디로, 할 것이 없다."라고 적었다. 그는 비극으로 끝난 볼리비아 임무를 수행하러 가기 전, 경제와 철학 관련 책 두 권을 썼다. 쿠바 정부가 그의 모든 활동을 지원했다. 쿠바 지도부는 쿠바 혁명을 수출하는 것이 혁명의 핵심이라고 생각했다. 그리고 1966년 삼대륙 회의에서 카스트로는 새로운 쿠바 정부가 "식민지 세계에서 벌어지는 해방 혁명 전쟁을 지원할 것"이라고 말했다. 쿠바는 "가능한 범위 안에서 혁명이 발생하는 곳이라면 어디든지" 군수물자 및 인력을 모든 해방운동에 제공하고자 했다.

트리컨티넨탈에서 전면적으로 무장투쟁 노선이 발전한 것은 기니비사우-카보베르데아프리카독립당PAIGC의 아밀카르 카브랄이 "우리는 욕하는 것만으로 제국주의를 타도하려고 하지는 않을 것입니다. 우리에게 최고 또는 최악의 제국주의 반대 활동은 그 형태가 어떠하든, 무기를 들고 싸우는 것입니다."라고 주장하면서부터였다. 카브랄은 선택이 아닌 필요 때문에 총을 들었다. PAIGC는 1956년 기니비사우-카보베르데에서 독립 투쟁을 시작했다. 3년 후, 포르투갈은 피지귀티Pijiguiti에서 비무장 부두 노동자 50명을 학살했다. 바로 이러한 식민지 폭력이 1961년부터 1974년 사이 PAIGC를 무장투쟁으로 몰아넣었다. 제국주의의 무자비한 얼굴이야말로 1960년대와 1970년대의 민족해방 투쟁을 무장투쟁의 단계로 나아가게 만든 원흉이다. 베트남과 콩고 등지의 민중이 총을 든 것은 이들의 민족적 열망을 거부한 제국주의의 광폭함 때문이다. 이러한 식민지 폭력은 말라야 계엄령(1948-1960), 케냐 계엄령(1952-1960), 프랑스-알제리 전쟁(1954-1962), 프랑스-베트남 전쟁(1946-1954), 미국-베트남 전쟁(1954-1975), 미국의 피그스만 침공 실패(1961), 콩고의 파트리스 루뭄바 암살(1961), 미국의 과테말라(1954) 및 도미니카공화국(1965) 침략, 인도네시아 공산주의자 학살(1965)로 이어진다. 트리컨티넨탈의 결성에 앞선 1965년 10월, 프랑스와 모로코 정보당국은 트리컨티넨탈 지도부였던 메흐디 벤 바르카를 암살했다. 콩고국민운동Congolese National Movement과 모로코의 국민연합전선National Union of Popular Forces이 승리할 수 있었다면 콩고와 모로코의 미래가 얼마나 달라졌을까. 다른 미래를 향한 꿈은 암살당한 사람들의 시체와 함께 묻혀 버리고 말았다. 1966년 아바나에 모인 민족해방 군단의 전술적 조건을 형성한 것은 바로 이러한 식민지 폭력이다. 그들은 원해서 폭력을 사용한 것이 아니었다. 그들은 폭력을 사용할 수밖에 없었다.

아밀카르 카브랄은 "제국주의 앞잡이들의 불법적 폭력에 답하는 것입니다. 지역적 특성이 어떠하든 간에 제국주의의 지배가 민족주의 세력에게는 영원히 폭력을 행사하는 상태를 의미한다는 것에는 의심의 여지가 없습니다."라고 민족해방 군단의 폭력을 규정했다. 폭력은 제국주의의 핵심이자 궁지에 몰린 제국주의 진영의 본능이다. 1968년 3월, 베트남 미라이에서 바로 이러한 폭력이 자행되었다. 한 병사는 자신의 임무에 대해 매우 솔직하게 "우리의 임무는 영토를 빼앗거나 고지를 점령하는 것이 아니라 그저 죽이는 것이었다. 공산주의자를 가능한 많이 죽여서 장작처럼 쌓는 게 목표였다."고 설명했다. 4년 뒤인 1972년, 포르투갈 식민지 군대는 모잠비크 위리야무Wiriyamu 마을에서 150-300명가량의 주민을 학살했다. 그들은 학살 전, 마을 주민들에게 손뼉을 치며 작별 인사를 하도록 했다.

1975년, 베트남은 미국을 패퇴시켰고, 포르투갈도 아프리카 식민지에서 패배했다. 쿠바는 혁명 정부를 전복하려는 수많은 시도에도 여전히 건재했다. 앙골라, 카보베르데, 모잠비크에서의 민족해방 전쟁이 없었더라면, 1974년 포르투갈에서 카네이션 혁명으로 신 국가Estato Novo를 전복하는 일 또한 없었을 것이다. 그 20년 뒤에 남아프리카공화국에서 아파르트헤이트가 철폐된 것도 쿠바가 1987-1988년 쿠이토 쿠아나발레Cuito Cuanavale 전투에서 남아프리카공화국군과 싸워 앙골라 해방운동 세력에게 승리를 가져다주었기 때문에 가능했다. 포르투갈과 남아프리카공화국의 민주주의는 자유주의가 가져다준 것이 아니었으며 총으로 얻은 것이다. 그러나 이러한 이야기는 수면 아래에 가라앉아 있다. 이것을 되살려야 한다. 전장의 총성만이 아니라 의사와 기술자, 모잠비크와 카보베르데의 혁명적 교육 프로그램, 식민 질서의 파편에서 새로운 사회를 건설하려던 시도까지도 말이다. 그것은 혁명의 에너지였다. 이제는 잊혀버리고 만.

그러나 이는 시간이 지나면서 잊힌 것이 아니다. 권력의 속기사가 된 기업 언론과 역사 저술가들이 망각의 조건을 만들었다. 가나 민중에 맞선 쿠데타(1966)부터 칠레 민중에 맞선 쿠데타(1973)까지, 서구는 갖은 노력을 기울여 탈식민지화의 역동성을 전부 훼손했다. 정복자의 폭력은 인도주의적 조항을 통해 서서히 정당화되었고, 이를 통해 서구는 스스로를 세계의 설계자로 재정립했다. 그리고 이제 이 설계자는 원주민의 폭력을 관리해야 했다. 1960년대와 1970년대에 정점을 찍었던 위대한 탈식민지 과정은 이전의 제3세계를 현재의 고통으로 몰아넣고 있는 빈곤과 전쟁의 서곡이 되었다. 피식민지 영토에 깔린 포장용 벽돌 아래에 있는 것은 모래가 아니다. 자유를 위해 싸웠던 이들의 시체다.

"불필요하게" 미국을 드러내다

1950년대 후반까지의 반식민지 운동은 식민주의라는 개념의 정당성을 허물어 버렸다. 민족해방운동의 지도자들은 서로의 정치적 지향이 다르더라도 식민주의와 제국주의 모두에 맞서기 위해 세계 무대에서는 단일한 플랫폼을 만들고자 함께 투쟁했다. 이들은 UN을 식민지 해방 투쟁을 위한 수단으로 보고 가장 중요시했다. 이러한 국가들은 1961년 UN에서 자신들의 견해를 잘 보여주는 "해방의 흐름은 막을 수 없다."는 내용의 결의안을 추진했다. 프랑스가 알제리에서, 영국이 로디지아에서 통치권을 유지하려 했지만, 해방의 흐름을 멈출 수는 없었다.

미국은 항상 자신들의 식민 지배 역사를 제대로 인정하기를 꺼려했다. 반식민지 혁명으로 칭해지는 1776년 미국 혁명은 심하게 과대 포장되어 있다. 1776년 혁명이 과연 혁명이기는 했는지부터 물어봐야 한다. 뜯어보면, 중요한 계급투쟁도 없었고, 혁명 과정이라고 규정할 수 있는 아래로부터의 노동자 운동도 없었으며, 이 투쟁에서 다양한 민중(유럽인, 아프리카인, 미국 원주민)이 사회적으로 단결한 일도 없었다. 있었던 것이라고는 원주민을 대량 학살하려는 태도와 함께 아프리카 노예가 반란을 일으킬까봐 극심하게 두려워했다는 점뿐이다. 영국과의 전쟁에는, 영국의 13개 식민지에서 벗어나 전체 대륙을 정복하려는 미국에 정착한 유럽인들의 욕구가 기저에 깔려 있었다. 따라서 이것은 [아메리카 대륙] 식민지 쟁탈전이지 [영국] 식민주의에 맞선 전쟁이 아니다. 미국이 영국의 손아귀에서 벗어났을 때, 소유 질서에는 실질적 변화가 없었다. 그리고 1861년 남북전쟁이 발발하기 전까지 수 세대 동안 남부 플랜테이션 자본가와 북부 산업 자본가 간의 모순은 폭발하지 않았다.

건국 초기부터 미국은 바깥세상을 바라보며 정복을 꿈꿨다. 1810년 어떤 켄터키 사람이 자신의 동포들에 대해 이렇게 말하기도 했다. "모험심으로 가득 차 있고, 가난하지 않은데도, 고대 로마인들이 그랬듯 약탈을 추구하는 탐욕을 갖고 있다. 멕시코가 우리 눈앞에서 아른거린다. 우리는 명령이 떨어지기만을 기다리고 있다." 그들의 기다림은 오래가지 않았다. 미국 대통령 제임스 포크는 남쪽으로 군대를 보내 멕시코를 접수했다. 1847년 10월 8일 자 〈뉴욕헤럴드〉는 파병된 병사들을 응원하며 다음과 같은 글을 내보냈다.

멕시코의 모든 영토가 병합되는 날을 기대하는 것은 아주 멋진 일이다. 그녀[멕시코]가 자발적으로 우리에게 안겼다면 더할 나위 없었겠지만 말이다. 그러나 그녀와 하나가 될 때까지, 우리 사전에 평화란 없다. 그녀를 데려오기 위해 처음에는 무력이 필요하더라도, 우리에게 오게 하라. 사빈족의 처녀들[10]처럼, 그녀 역시 자신을 범한 이를 사랑하는 법을 배울 것이다.

멕시코는 지금의 미국 애리조나, 캘리포니아, 콜로라도, 네바다, 뉴멕시코, 텍사스, 유타에 해당하는 곳을 포함해 영토의 3분의 1을 잃었다. 그에 앞서 미국은 1812년 영국과 전쟁을 벌여 캐나다를 손에 넣으려 했다. 일부는 스페인과 전쟁을 벌여 쿠바와 플로리다를 빼앗아 오기를 바랐고, 다른 이들은 원주민을 학살하고 정착민이 전체 대륙을 차지해야 한다고 부르짖었다. (미국 정부는 이미 1784년에 원주민 수장들에게 "당신들은 피정복민이다."라고 말했다.) 미국 제국주의는 1898년 아바나와 마닐라의 항구에서가 아니라 뉴욕에서 샌프란시스코에 이르게 된 거대한 영토에서 생겨났다. 그러나 원주민의 전면적인 대량 학살을 동반한 이러한 '내부 식민지화'는 '영토 확장'이나 '정착지 개척'과 같은 개념에 덮여 식민주의로 완전하게 인식되지 않았다.

1823년, 미국 대통령 제임스 먼로는 먼로 독트린이 포함된 중요한 연설을 했다. 그는 연설에서 미국이 아메리카 대륙의 최고 권력임을 매우 분명히 했다. 그러면서 유럽에게는 아메리카 대륙에 정치 및 상업적 개입을 해서는 안 된다는 점과 미국이 (그리스 독

---

10 로마 신화에 나오는 이야기로, 로마 남성이 집단으로 사빈족 여성을 납치해 강제로 부인으로 삼았음에도, 결국 그 여성들이 자신의 로마인 남편을 사랑하게 되었다는 이야기에서 유래한다.

립과 관련해) 유럽에 개입할 전적인 권리가 있음을 천명했다. 식민지 확장을 두고 미국이 스페인과 전쟁을 벌이기 직전인 1893년, 프레더릭 잭슨 터너는 유명한 프런티어 연설에서 '먼로 독트린의 싹'을 오하이오 협곡의 농민들에게서 나타나는 식민 지배의 경향성에서 찾았다. 터너는 원주민과 전쟁을 벌이고, 캘리포니아를 열망하며, 루이지애나를 적극적으로 사들이려는 이러한 경향성을 "미국을 구 세계 국가 체제로부터 완전히 독립시키는 시작점이며, 세계 열강으로서의 커리어가 시작되는 것"이라고 규정했다. 좀 더 대놓고 말하면, 제국주의 국가로서의 커리어가 시작된 것이다.

'아메리카-스페인'(미국-스페인) 전쟁에서 미국의 역할도, 미국이 1898년에 쿠바, 괌, 필리핀, 푸에르토리코, 사모아에 군대를 보내 스페인 제국으로부터 이들이 해방되는 것을 도왔다는 거짓말에 가려져 제대로 알려지지 않았다. 사실 미국은 이들 국가를 자신의 궤도로 흡수했고, 각국의 민족해방 세력을 강제로 무너뜨렸다. 쿠바 혁명가가 파리에서 열린 평화회담에서 역할을 하지 못하게 막았으며, 미국의 윌리엄 섀프터 장군은 쿠바에서 열린 스페인 항복식에 쿠바의 칼릭스토 가르시아 장군이 참석하는 것을 불허했다. 이것은 미국이 전쟁의 결과를 강탈해 갔음을 상징적으로 보여준다. 이전에 스페인 식민지였던 국가 그 어느 곳도 독립을 승인 받지 못했고, 더욱 확장되고 있는 미국의 권력에 서둘러 흡수되었다.

영국 작가 러디어드 키플링은 미국이 제국주의적 의무를 다할 것을 촉구하는 〈백인의 의무White Man's Burden〉(1899)라는 시를 썼다. 미국의 상황을 오판한, 참으로 어처구니없는 시다. 마치 미국이 아직 제국주의 열강이 아닌 것처럼 시를 썼지만, 미국은 여러모로 볼 때 이미 제국주의 국가였고, 향후 수십 년 동안 그 지위를 유지할 것이었다. 키플링은 미국의 핵심 정치 지도자들이 다양한 형태의 반제국주의를 가면으로 활용해 자신들의 제국주의를 가리고 있다는 것을 알지 못했다. 인디애나주 상원의원 앨버트 베버리지는《제국주의가 아니라 더 위대한 공화국을 위해For the Greater Republic, Not for Imperialism》(1899)라는 팸플릿에서 바로 이 점을 이야기했다. 그는 "제국주의는 우리의 장엄한 일을 지칭하는 단어가 아니다."라고 서술했다. 제국주의에는 지배와 강탈을 암시하는 것들이 한가득 딸려 오기 때문이다. 이어서 그는 제국주의가 진정으로 나타내는 것은 "우리 인종의 위대한 운동과 사명"이라고 했다. 그 사명은 무엇인가? 키플링은 베버리지보다 더 교묘한 가면을 썼다. 시에서 키플링은 제국주의, 즉 백인의 의무가 "타인의 이익을 추구하고, 타인의 성과를 돕는 것"이라고 규정했다. 이 제국주의자는 스스로를 드높이거나 부를 훔치기 위해 움직인 것이 아니라 야만인에게 문명을 가져다주었다. 문명화를 제국주의의 목표로 포장하는 것은 오래된 속임수이다. 그러나 모든 증거는 부를 강탈하고, 주권을 빼앗아 복속시키려 하는 데 제국주의의 목표가 있음을 증명한다. 베버리지는 노골적으로 쿠바, 하와이, 필리핀, 푸에르토리코를 식민지로 삼자고 열정적으로 연설하였고, 상원의원에 당선되었다. 그는 "이들 섬나라의 무역"은 "우리가 그들의 자원을 개발하는 만큼 발전할 것이고, 우리가 독점하고자 하면 그들은 우리에게 독점당할 것이며, 우리 공화국의 모든 농기계가 노래하고, 모든 방적기가 돌며, 모든 용광로가 산업의 불길을 뿜어내도록 만들 것이다."라고 말했다. 이러한 섬나라를 종속시켜 미국 산업에 원재료를 제공케 하고, 미국에서 생산된 완제품을 구매하도록 만들겠다는 생각을 솔직하게 표현한 것이다.

미국이 식민지를 확장한 역사 전반에는 제국주의 열강이 되는 것에 관한 불안이 깔려 있다. 미국의 '압도적인 힘' 정책을 설계한 니츠는 1955년 식민주의를 지지하는 것은 "미국적 정서와 상반되는" 것이라고 썼다. 그렇다고 해서 같은 해에 반둥에서 아프리카와 아시아 국가가 모여 회의를 가진 것을 비롯한 탈식민지 흐름을 니츠가 지지한 것은 아니다. 1961년 UN에서 말했듯, 그는 탈식민지화가 필연적이라는 점을 인지하고 있었다. 그러나 그 시기를 늦출 수는 있었다. 니츠는 헤겔풍 에세이에서 "세계 세력의 역사적 발전"은 탈식민지화로 이어질 것이며, 미국도 "모든 사람의 자결권 보장을 가속화하는 데 힘을 보태야" 한다고 인정했다. 그러나 뒤에 단서가 붙었다. "이러한 소중한 자유가 제대로 유지되고 있음을 확인하는 조건 하에서"만 미국이 지지할 수 있다는 것이다. 바로 여기서 미국이 주저하는 모습을 볼 수 있다. 신생국은 '소중한 자유'가 무엇인지를 결정하는 미국이 설정한 궤도 안에서만 움직여야 번영을 허락받을 수 있다. 자유와 해방이라는 단어가 미국 외교관의 입에서 춤추듯 날아다녔지만, 그것이 갖는 의미는 제한

적이었다.

1962년, 존 F. 케네디 행정부는 외국내부방위정책 문건을 작성했다. 이것은 케네디 행정부와 그가 표방한 자유주의라는 허울뿐인 영광에도 불구하고, 미국이 제3세계 민중의 적과 맺은 계급적 연대를 명확히 보여주는 문서이다. "외부로부터 공산주의 압박의 위협에 시달리는 국가를 지원하기 위해" 미국 해병 6천 500명이 태국에 상륙했을 당시, 케네디의 팀은 이 정책 문건을 준비하고 있었다. 또한 이 시기는 케네디가 쿠바 정부 전복에 실패한 후 베트남의 공산주의 정부를 반대하기 위해 "수단과 방법을 가리지 않겠다."고 약속한 때이기도 했다. 이 1962년 문건은 이미 피로 쓰인 내용을 종이에 옮겨 적은 것밖에 되지 않는다. 즉, "개발도상국이 국제 협력과 자유 체제 성장에 우호적인 세계 조건을 만드는 방향으로 진화"할 수 있도록 만드는 데, 미국의 모든 군사력을 활용할 수 있다는 것이다. 이러한 겉치레 말을 간단하게 요약하면 이렇다. 미국 정부는 (대부분 서구에 본사를 둔) 다국적기업을 주된 수혜자로 하는 자본주의 체제를 위해 세계를 안전하게 만들 것이다. 사실 이 정책 문건을 따로 해설할 필요도 없다. 문건 작성자들은 이미 미국이 "경제적 이해를 갖고 있는 부분은 덜 개발된 국가들의 자원과 시장이 미국과 다른 자유 세계 국가에 계속 열려 있도록 하는 것"이라고 썼다.

앞서 언급한 미국 해병대는 1962년 7월 태국에 도착했다. 이 군대의 목적은 CIA로부터 훈련 받은 반공 민병대와 태국 경찰을 보강해 전쟁을 벌이고, 인근의 라오스에 있던 공산주의 세력인 파테트 라오Pathet Lao와 1961년부터 무장투쟁을 시작한 태국공산당을 약화시키는 것이었다. 미국은 과테말라에서 막 임무를 마친 전직 CIA 외교관 존 퓨리포이를 태국으로 파견해 작전을 감독하고, 사릿 타나랏 태국군 야전 원수가 이끄는 군부가 집권할 수 있게 만들도록 했다. 케네디 행정부는 에카라드Ekarad라는 프로젝트에 수백만 달러를 지출해 태국군과 라오스왕국군을 훈련시켰다. 방콕 주재 미국 대사의 말을 빌자면, 이것은 '비밀 교란' 작전이었다. 이를 통해 파테트 라오와 충돌할 조건을 만들고, 동남아조약기구를 발동시킨 다음, 전투기 소리가 들리는 가운데 미군이 도착하고, 네이팜탄 폭격으로 위협을 가하는 것이다. 방콕 주변 공장에서 일하는 의류 노동자와 대학생들은 급진적인 방향으로 움직였다. 그들은 교외에 있던 반군 세력과 함께 왕정, 군, 부르주아를 위협했다. 미국은 [지배계급에게] 무력을 빌려주어 이들을 짓밟는 것을 도와주었고, 그 대가로 순종적인 동맹 세력과 군 기지를 획득했다. 거기다가 미국의 경제적 이해를 그대로 유지했다.

에나 지금이나 많이 알려지지 않았지만, 미국 해병대의 태국 개입은 수많은 미국 자문이 태국과 라오스 군부에 제공한 '비밀 교란' 작전과 병행해서 진행되었다. 안정을 도모한다는 명목으로 민주주의를 논하는 것을 막는 것만으로도 매우 만족했던 이 지역 군부에게 미국은 안정이 반공의 또 다른 이름이라고 속삭였다. 이들 군부는 단순한 미국의 꼭두각시가 아니었다. 이들은 자신들이 이득을 보는 국지적 지배 체제와 미국 및 미국의 동맹국이 이득을 얻는 국제적 제국주의를 유지하기 위해 노동자와 농민을 탄압하고자 하는 사회 계급을 대표했다.

미국은 스스로 제국주의 국가라는 사실을 인정할 수 없었다. 그럴 만한 시대가 아니었기 때문이다. 1962년 1월, 케네디는 CIA 기획부장 리처드 비셀에게 (반군 진압) 특임단Special Group (Counter-Insurgency)을 지휘할 것을 지시했다. 바로 이 특임단이 외국내부방위 문건을 작성했다. 비셀은 코네티컷주 하트포드 출신으로, 아이러니하게도 미국이 필리핀과 벌이는 전쟁에 반대하며 만들어진 반제국주의연맹의 지도자였던 작가 마크 트웨인이 지은 집에서 자랐다. 비셀은 예일 대학교를 나와 CIA에 들어갔다. 특임단에 배치된 요원들 역시 하버드, 프린스턴, 예일 등 명문대 출신이었다. 그들은 미국의 역사와 현재 정세를 제대로 파악하고 있었다. 1961년 9월, 제3세계 국가들이 유고슬라비아 베오그라드에 모여 비동맹운동을 결성했다. 그렇기에 특임단은 작전의 은밀함을 강조했다. 미국은 군사 행동(비대칭 전쟁)뿐만 아니라 경제적 보상과 제재, 지역 경찰 및 군 지원 등의 수단(하이브리드 전쟁)을 통해 힘을 행사해야 했다.

비셀과 그의 동료들은 "미국이 전면에 나서지 않는 것이 중요하다. 현지 정부가 오해하여 이것은 개입이라고, 식민주의라고 우리를 비난하며 불필요하게 미국을 드러내지 않도록, 가능하면 제한적으로 훈련, 조언, 물자를 지원해야 한다."고 적었다.

2부

정권 교체 매뉴얼

1951년, 하코보 아르벤스는 민주적 사명을 띠고 가난한 과테말라의 대통령으로 당선되었다. 그는 농민 계급이 토지를 소유해 스스로를 해방시키기를 바랐다. 아르벤스는 부유한 집안에서 자랐고, 이후 군에 입대한 사람이었다. 군에서 장교로 재직하는 동안 그는 미국의 지원을 받은 독재자 호르헤 우비코가 농민을 탄압하고, 그들을 과테말라 유일의 최대 지주이자 미국인이 소유한 거대 기업인 유나이티드프루트를 위해 일하게 하는 모습을 목격했다. 아르벤스는 공산주의 지도자인 호세 마누엘 포르투니와 여성주의자이자 사회주의자였던 배우자 마리아 빌라노바에게 영향을 받았다. 1950년 대선에서 승리했을 때, 그는 국민을 위해 토지를 이용하겠다고 약속했다. 그러나 61명이 정원인 의회에 공산주의자는 4명에 불과했고, 아르벤스 내각에 공산주의자는 단 1명도 없었다. 현실은 이랬지만, 공산주의 세력이 개혁에 끼친 영향력은 과장되었다.

과테말라 사회가 기형적으로 불평등했다는 것을 감안하면, 아르벤스가 추진한 농지 개혁은 온건한 편이었다. 1953년에 아르벤스 정부는 유나이티드프루트가 소유한 유휴지 20만 에이커

(약 809제곱킬로미터)를 수용했다. 미국 루이지애나주 뉴올리언스에 본사를 둔 유나이티드프루트는 과테말라 정부의 행위를 용납할 수 없었다. 미국 정부도 마찬가지였다. 유나이티드프루트와 재정적으로 밀접하게 연관된 정부 인사들이 있었기 때문이다. 미국 국무부 장관 존 포스터 덜레스의 로펌 설리번앤크롬웰Sullivan & Cromwell에서 유나이티드프루트를 대리했다. 덜레스와 그의 동생 앨런 덜레스(CIA 국장), 존 무어스 캐벗(덜레스 휘하 국무부 차관보로 미주 담당 국장), 토머스 더들리 캐벗(덜레스 휘하 국제안보국장) 등이 유나이티드프루트의 최대 주주로 있었다. 전 CIA 국장 월터 베델 스미스는 아르벤스 축출 후 유나이티드프루트 회장이 되었다. 대통령 드와이트 아이젠하워의 개인 비서였던 앤 휘트먼은 유나이티드프루트의 공보 책임자 에드먼드 휘트먼의 배우자이기도 했다. 그들의 행동은 미국 제국주의나 자본가 계급만을 위한 것이 아니라, 자기 자신을 위한 것이기도 했다.

1951년 과테말라시 주재 미국 대사관의 1등 서기관은 "과테말라 정부가 과테말라 기업에게 강경하게 나가는 것이야 우리가 상관할 바 아니지만, 미국 기업을 상대로 강경하게 나온다면 그때는 우리가 관여해야 한다."는 내용을 담은 서한을 워싱턴으로 보냈다.

CIA는 아르벤스를 몰아내기 위해 PB포춘PB FORTUNE이라는 비밀 작전을 개발했다. 작전은 처음부터 악의적이었다. 제임스 둘리틀 장군은 오랜 전우 아이젠하워에게 편지를 보내 CIA가 가차 없이 작전을 진행해야 한다고 역설했다. 그는 "그런 게임에 규칙 따위는 없다. 지금까지 인정되던 인간의 행동 규범 따위는 여기에서는 적용되지 않는다."라고 적었다.

1954년 아르벤스는 대통령직에서 쫓겨났다. 그의 축출은 매뉴얼에 따라 이루어진 것으로 보인다. 이후 1961년 콩고 총리 파트리스 루뭄바, 1963년 이라크의 총리 압둘 카림 카심, 1964년 브라질 대통령 주앙 굴라르, 1965년 인도네시아 대통령 수카르노, 1971년 볼리비아 대통령 후안 호세 토레스, 1973년 칠레 대통령 살바도르 아옌데를 몰아내는 과정에도 이 매뉴얼이 반복해서 사용되었다. 2019년 볼리비아에서 에보 모랄레스 대통령을 축출하고 베네수엘라의 볼리바리안 혁명 과정을 전복하려는 시도에서도 쿠데타 세력의 수법에 이러한 매뉴얼이 반영되었음을 알 수 있다. 경제민족주의와 유사한 의제, 즉 다국적기업의 시장 지배를 위협하고 공산주의 세력에게 우위를 제공하는 의제를 추진하는 모든 사람이 제거 대상이 되었다. 국제법과 여론은 제국주의에 유리하게 조작하면 그만이다. 사실 공식 자체는 진부하다. 쿠데타 분위기를 조성해 군홧발로 세상을 억압하는, 지극히 상투적인 방식이다. 이제부터 정권 교체 매뉴얼의 아홉 가지 핵심 내용을 소개하고자 한다.

I. '여론'을 공작하라

쿠데타는 우선 여론을 통해 준비해야 한다.

아르벤스가 추진하는 일을 지켜본 언론인이라면 그의 행동이 선거 공약을 지키기 위한 것에 지나지 않는다는 합리적인 결론을 내렸을 것이다. 그리고 아르벤스가 유나이티드프루트를 내쫓으려고 하는 것이 아니며, 그저 유나이티드프루트가 소유한 땅 가운데 일부를 수용해 과테말라 국민의 민생을 개선하고자 하는 것일 뿐이라고 보도할 수도 있었다. 그러나 이러한 합리성은 작동하지 않았다.

유나이티드프루트는 최고의 PR 전문가인 에드워드 버네이스를 고용해 미국 의회에 공산주의 음모론을 퍼트리도록 했다. 그는 "공산주의 선전물에서 '유나이티드프루트'라는 이름이 나올 때마다 이를 '미국'으로 대체해서 읽어도 무방할 것이다."라고 썼다. 버네이스는 유나이티드프루트와 미국이 유의어이며, 그렇기에 유나이티드프루트를 공격하는 것은 미국을 향한 공격으로 봐야 한다는 논리를 받아들이도록 만드는 것이 핵심이라고 보았다. 버네이스는 〈시카고트리뷴〉, 〈뉴스위크〉, 〈뉴욕타임스〉, 〈타임〉 등의 기자들에게 유나이티드프루트의 자금을 뿌려 과테말라의 공산주의자에 대해 보도하도록 했다. 〈뉴욕타임스〉에 게재된 1951년 7월 14일 자 무기명 보도에서, 기사 작성자는 "고산지대에 있는 고대 마을에 사는, 글도 모르고 주류 세계의 흐름과 동떨어진 마야인이 공산주의가 또 다른 형태의 노예제임을 본능적으로 깨닫기를 기대할 수는 없다."고 썼다. 이 기자는 고산지대에 사는 그 누구도 직접 취재하지 않았고, 누군가의 말을 인용한 것도 아니었다. 그저 유나이티드프루트가 준 보도자료를 갖다 썼다.

유나이티드프루트는 과테말라가 공산주의의 위협을 받는다는 기사를 활용해 의회에 로비하는 데 50만 달러를 썼다. '여론'이란 자본주의 언론의 관점이었고, 결국 미국 의회는 유나이티드프루트 편에 서게 되었다.

미국 정부는 과테말라에 무기 공급을 중단했고, 이에 아르벤스는 체코로부터 무기를 사들였다. 체코산 무기가 과테말라에 납품되었을 때, 미국은 서구 언론사에 이러한 무기 거래의 영향을 과장해서 전달했다. 제10회 미주대륙회의에 참석하고자 베네수엘라 카라카스에 갔던 존 포스터 덜레스는 과테말라를 강조하며 "공산주의 세력의 침입"을 규탄한다는 내용의 결의안을 추진했다. 다른 국가의 지배계급 세력 모두가 덜레스 뒤에 섰고, 과테말라만이 결의안에 반대표를 던졌다. 미국은 이러한 여론 작전을 통해 아르벤스와 토지개혁 의제를 고립시키는 데 성공했다.

NBC 방송 중계에서는 '과테말라의 붉은 정권'이라고 떠들어댔다. 그 이상의 말은 필요 없었다. 아르벤스의 운명은 그렇게 정해졌다.

2. 현지에 적임자를 임명하라

과테말라에서 할 일이 아직 많이 남아 있었다. 이를 위해 적임자에게 책임을 맡겨야 했다. 미국 국무부는 그리스 아테네에서 새로운 반공 정부를 강화하는 데 중요한 역할을 했던 존 퓨리포이를 미국 대사로 과테말라시에 파견했다. 미국에는 퓨리포이 같은 사람이 여럿 있었다. 브라질로 파견된 이는 링컨 고든이었다. 고든은 상황에 따라 자유주의자 행세를 했지만, 미국 밖에서는 잔혹한 반공주의자였다. 브라질 쿠데타 세력에게 "비밀리에 무기를 보낼 것"을 미국 정부에 촉구한 것도 바로 고든이었다. 칠레에서 아옌데를 상대로 한 쿠데타 뒤에는 너새니얼 데이비스가, 인도네시아에서 수카르노에 맞선 쿠데타 뒤에는 마셜 그린이 있었다. 이란에서는 로이 헨더슨이 미국의 지지 철회를 무기로 모사데그를 위협해 사임하도록 만들었다. 이러한 인물들이 서구 대사관의 강경한 태도에 일조하고, 쿠데타를 정당화하는 선전을 준비했으며, 쿠데타 후에 일어난 살인과 혼란에 미국의 지지를 충분히 제공했다. 그린을 예로 들면, 그는 인도네시아 장군들이 움직이고자 함이 확실해진 후에 서구 국가 대사들과 만났다. 그는 미국과 동맹국 대사들에게 인도네시아군이 "수카르노를 몰아내기로 결정한다면, 그들에게 서구의 지지와 경제적 도움을 주기를 바란다."고 말했다. 서구 대사관에서는 적극적으로 도움을 주고자 했다. 그들은 공산주의자와 그 지지자로 구성된 살생부를 [군부에] 넘겼다.

퓨리포이는 맡은 일을 잘 처리했다. CIA 작전이 실패하거나 요원이 발각 또는 체포될 경우(실제로 그런 일들이 종종 발생한다.)에도, 미국 대사는 평정심을 유지하고 그 나라의 정부를 압박한다. 퓨리포이는 평정심을 잃은 적이 단 한 번도 없었다. 그는 아르벤스에게 뇌물 200만 달러를 제시한 적도 있었고, 위협도 했으며, 내각에 연줄을 만들기 시작했다. 결국 1954년 6월 18일, 그는 대사관저에 앉아 자신의 작전이 성공해 아르벤스 정부가 무너지는 것을 지켜보았다.

오래된 농담 중에 이런 말이 있다. 왜 미국에서는 쿠데타가 일어나지 않을까? 미국에는 미국 대사관이 없기 때문이다.

3. 군 장성을 준비해라

한때 온두라스에서 가구 영업을 했던 카를로스 카스티요 아르마스 대령은 해방자가 되어 조국 과테말라로 돌아가야 한다는 미국의 설득에 넘어갔다. 카스티요 아르마스는 유나이티드프루트로부터 매월 3만 달러의 지원을 받은 것으로 알려졌다. 군 내 아르벤스 반대파 중 핵심이었던 로베르토 바리오스 페냐 대령은 1953년 10월 8일, 카스티요 아르마스를 신뢰할 수 없으며 그가 분열된 반대 세력을 통합하는 데 도움이 되지 않는다고 미국에 불평했다. CIA는 카스티요 아르마스가 쓸모없다는 것을 이미 알고 있었다. 그는 1952년 1월의 쿠데타 시도를 방해했고, 기꺼이 과테말라 국민으로부터 유나이티드프루트를 보호하려는 다른 군 장교들과 잘 어울리지 못했다. 그러나 카스티요 아르마스는 유나이티드프루트뿐만 아니라 나중에 [미국 입장에서] 매우 유용한 개입을 했던 니카라과의 독재자 아나스타시오 소모사의 지지를 받았다.

아르벤스가 1953년 8월 12일 2차 토지 수용을 단행한 후, CIA 작전조정위원회Operations Coordinating Board는 아르벤스를 '최우선 순위'로 놓고 작전을 진행할 것을 명령했다. CIA는 300만 달러를 투입해 카스티요 아르마스의 용병단을 훈련시키고 전체 군 수뇌부가 아르마스를 지지하도록 만들려고 시도했다. 12월에 퓨리포이 대사는 국무부와 (유나이티드프루트의 주주인) 존 캐벗에게 서한을 보내 미국 정부가 "이곳의 정부를 바꾸는 것을 돕는 데 따르는 위험을 감수해야 한다."고 말했다. 그는 반대파가 오합지졸이라는 점이 미국과 유나이티드프루트가 직면한 문제라고 말했다. 그가 보낸 편지에는 "내부의 '반공' 세력은 심하게 분열되어 있고, 당장 활용할 수 있을 만한 정치적 계획이나 조직이 없다."고 쓰여 있다. 그래서 퓨리포이는 "반정부 행동을 가장 성공적으로 선동할 수 있는 대상으로 군을 삼아야 한다."고 권고했다. CIA 요원 헨리 헤크셔는 과테말라에서 커피 구매자로 위장, 아르벤스 내각에 있으면서 군에도 영향력을 행사하던 에르난 몬손 아기레 대령에게 접근했다. 헤크셔는 몬손에게 뇌물을 주며 쿠데타에 동참할 것을 제안했다. 이후 몬손은 아르벤스가 축출된 직후 수립된 군사정권의 수반이 되었다. 그리고 그는 CIA의 전폭적 지지를 받는 카스티요 아르마스에게 통치권을 넘겼다. 한편, 헤크셔는 1958년 CIA 라오스 지부장으로 승진했고, 1960-1963년 사이에는 인도네시아에서 CIA 작전을 수행했으며, 그 후에는 멕시코시티에서 쿠바 혁명을 전복하려는 프로젝트를 총괄했다. 그리고 1973년에는 CIA 칠레 지부장으로 살바도르 아옌데를 몰아내며 커리어에 마침표를 찍었다.

퓨리포이가 워싱턴에 보낸 1953년 12월 28일 자 전문의 핵심 내용은 두 가지이다.

이 전문에 개괄된 계획이 (a) 변화를 위해 서반구(아메리카 대륙)와 과테말라의 여론을 조성하고 개입했다는 이유로 우리에게 쏟아질 것으로 예상되는 비난을 완화하며, (b) 이곳에서 중요한 계층 특히 군과 유산 계급들이 자신의 이해가 충분히 위협받는다고 느낄 정도로 동요되어, 현재의 무기력에서 벗어나 더 나은 태도로 새 정부 집권에 적극 협조하는 데 수반되는 위험을 감수할 정도로 분위기를 만들기를 기대한다.

4. 경제가 비명을 지르도록 만들라

1953년 9월 11일, CIA는 대對과테말라 하이브리드 전쟁 보고서를 작성했다. 보고서는 여러 핵심 내용 가운데서도 '경제적 압박'을 필수로 꼽았다. 보고서에는 "과테말라 정부의 경제가 압박에 취약한 점을 고려해 석유 공급, 해운업, 주요 수출입 물품 등 가능한 부문을 겨냥한 비밀 경제 전쟁 방식이 적용될 것이다."라고 서술되어 있다. '라틴 아메리카에서 은행, 해운, 홍보, 일반 투자 및 석유 산업 경험'이 있는 미국 사업가와 '과테말라 기업 및 산업계에서 높은 지위를 가지고 있는' 남성 3명으로 구성된 실무단이 만들어졌다. CIA는 유나이티드프루트에 쏠린 관심을 과테말라의 커피 생산으로 돌리고자 했다. 이들은 그런 목적으로 1953년 7월 31일 〈과테말라의 커피 산업─가능한 경제 제재에 관련한 특별 고찰〉이라는 보고서를 펴냈다. 이에 폴저스Folgers와 J. A. 메디나J. A. Medina 같은 미국 기업은 커피 수출 사업에 무슨 문제라도 있는 것은 아닌가 우려하기 시작했다. CIA는 이들의 걱정을 덜어 주어야 했다. CIA는 9월 보고서에 "과테말라, 특히 커피와 관련한 다국적 경제 행동을 위해" 차기 미주기구 회의에서 진짜, 혹은 "필요에 의해 조작된 증거"를 사용할 필요가 있었다고 썼다. "커피 산업의 어떤 부분을 공격해야 반공 분자에게 큰 타격을 입히지 않고도 아르벤스 정부와 지지자에게 피해를 주는지" 실험했던 것이다.

1953-1954년에 작성된 CIA 보고서를 읽다 보면, 미국 정부가 살바도르 아옌데의 칠레 사회당 정부를 상대로 한 1973년 쿠데타를 어떻게 준비했는지가 눈앞에 떠오른다. 1970년 9월 15일, 리처드 닉슨과 국가안보보좌관 헨리 키신저는 아옌데 정부의 집권을 막기 위해 미국 정부가 가능한 모든 수단을 사용할 것을 승인했다. CIA 국장 리처드 헬름스가 보관하던 노트에 따르면, 닉슨과 키

신저는 칠레의 "경제가 비명을 지르기"를 바랐으며, "그에 수반되는 위험에 대해서는 걱정하지 않았다." 아옌데 정부를 사라지게 할 수만 있다면 전쟁도 불사할 작정이었다. CIA는 퓨벨트FUBELT 프로젝트[1]를 개시해 우선 1천만 달러로 비밀리에 칠레의 안정을 무너뜨리는 일에 착수했다. 1971년 6월 11일, 미국 재무부 장관 존 코널리는 닉슨에게 "제가 보기에 우리가 이용할 수 있는 유일한 지렛대, 유일한 카드는 칠레의 신용을 정지시키거나 칠레가 생산하는 상품의 판매 시장을 틀어막는 것입니다. 하지만 그렇게 하려면 우리가 칠레에 경제 제재를 가할 수 있는 위치에 있어야 합니다. 지금 상황에서 군사 제재를 할 수는 없겠지만, 금융이나 경제 제재는 할 수 있습니다."라고 말했다. 한 달 후, 아옌데는 구리 산업을 국유화했다. 그러면서 아옌데는 주요 기업인 케네코트Kennecott와 아나콘다Anaconda에게 이에 대한 보상으로 이들이 납부하지 않은 초과이윤세 7억 7천 400만 달러를 면제해 주겠다고 말했다. 칠레 국민은 이 날을 국가 존엄의 날Dia de la Dignidad Nacional이라고 부르며 축하했다. 케네코트와 아나콘다는 불만을 제기하러 백악관을 방문했고, 통신 대기업 ITT와 펩시콜라도 그 대열에 합류했다. 1971년 10월 5일, 코널리는 닉슨에게 "각하께서 기대하실 수 있는 단 한 가지는 그[아옌데]가 타도되는 것이고, 그렇게 될 때까지 각하께서는 그와 맞서는 행동을 보여줌으로써 미국의 이익을

---

1   트랙 II라고도 알려진 이 프로젝트는 CIA가 살바도르 아옌데의 집권을 막고 군사 쿠데타를 추진하기 위해 진행한 작전명이다.

보호하려 한다는 명분을 쌓아야 합니다."라고 말했다.

보복은 신속하게 진행되었다. 미국 수출입은행은 칠레가 보잉 항공기 3대를 구매하기 위해 신청한 차관을 거절했다. 사실 이건 칠레에 차관을 제공하는 것이 아니라 보잉에 보조금을 주는 것이었다. 1965년, 망명 중이던 콰메 은크루마 가나 총리는 "그렇기에 원조는 신식민지국에게는 회전 신용에 불과하다. 신식민지배국이 차관을 신식민지국에 제공하면 그 돈이 다시 신식민지배국에 막대한 이윤으로 돌아가는 것이다."라고 썼다. 칠레가 18억 6천 200만 달러의 상환 기간을 조정하고자 파리 클럽에 갔을 때, 미국 대표단은 기회를 포착했다. 칠레의 차관 중 12억 2천 700만 달러가 미국에서 나온 것이었기에, 미국은 다국적 구리 기업에 대한 보상과 칠레의 대출 상환 중단 문제를 제기했다. 칠레가 받는 압박이 심해지면서 국제적 자금줄도 막혔다. 미주개발은행에서 의결권의 40퍼센트를 보유하고 있던 미국은 효과적으로 거부권을 행사했다. 미주개발은행이 칠레에 제공한 차관은 1970년 4천 600만 달러에서 1972년 200만 달러로 감소했다. 미국의 통제를 받는 세계은행은 1970년과 1973년 사이 칠레에 신규 차관을 전혀 제공하지 않았다. 무역은 계속됐지만, 기업은 선불로 상품 대금을 결제할 것을 요구하기 시작했다. 이 모든 것은 구리 가격이 25퍼센트 하락하고, 세계적인 인플레이션으로 수입 식료품 가격이 오르는 상황에서 발생했다. 물가는 1천 퍼센트 이상 급상승했고, 아엔데 정부는 생활수준이 폭락하는 것을 막기 위해 돈을 찍어 내고 상품 배급을 실시하기 시작했다.

닉슨의 '보이지 않는 봉쇄'와 제재에 따른 칠레 정부의 패닉 반응, 불리한 국제적 여건(낮은 구리 가격, 높은 식료품 가격)의 조합은 키신저가 말한 대로, 쿠데타를 위한 "여건을 만들었다." 닉슨은 "자고로 일이 그렇게 진행되어야지."라고 응답했다.

5. 외교적으로 고립시켜라

군이 탱크를 몰고 나가게 만들기 전에, 우선 반제국주의 친민중 정부가 단절되고 고립된 상태인 것처럼 묘사해야 한다. 그리고 이러한 고립이 자연스럽게 일어난 것처럼 보여야 한다. 정부가 더 이상 정부가 아닌 그저 하나의 정권으로 보이도록, 민주정부가 아닌 독재정권으로 인식하도록 만들어야 한다.

누구도 1970년 칠레 대선에서 살바도르 아옌데가 공정한 선거를 통해 당선되었음을 부정하지 않았다. 이것은 논외였다. 1960년대에 사회주의 세력이 성과를 쌓기 시작한 이후 칠레의 지배계급과 미국 정부는 지속적으로 칠레 민주주의를 훼손하려고 시도했다. CIA는 칠레 대중매체에 칠레 민주주의를 훼손하는 장본인으로 (당시 칠레에 세력 기반이 없었던) 소련을 지목하며, 여론에 영향력을 미치는 작전을 펼쳤다. 또한 1969년 3월 칠레 총선 과정에서는 극우 정당에 자금을 지원했다. 그러나 이러한 시도가 실패로 돌아가고, 사회주의 세력이 1970년 대선에서 승리할 것이

예상되자, CIA는 분쟁을 조장하고, 사회주의 세력의 표를 분산시켜 극우 후보를 당선시키고자 했다. 그럼에도 아옌데는 결국 1970년 9월 4일 대선에서 승리를 거머쥐었다.

쿠데타가 일어나기 만 3년 전인 1970년 9월 9일, CIA는 칠레 군부와 군부 쿠데타를 논의하기 시작했다. 르네 슈나이더 장군은 1925년 헌법을 존중해야 한다고 생각했기에 쿠데타에 미온적이었다. 쿠데타에 적극적이었으며, CIA와 정기적으로 만남을 가졌던 로베르토 비오 퇴역 장군은 슈나이더 장군을 납치, 살해했다. 이 사건은 군을 뒤흔들었다. 민주주의를 훼손한 것은 바로 CIA, 군 내 극우 세력, 그리고 칠레의 지배계급이었다. 따라서 고립되어야 하는 것은 바로 이들이었다. 그러나 제국주의 논리는 그렇게 작동하지 않는다.

1962년, 미국 정부의 압력을 받은 미주기구는 쿠바의 회원 자격을 정지시켰다. 이에 카스트로는 미주기구를 "양키 식민지부"라고 불렀다. 이는 미주기구 구성원을 보면 실로 적절한 비유였다. 그간 미주기구는 미국이 아메리카 대륙의 국가를 징계하는 수단으로 활용되었고, 카스트로 정부가 쿠바 민중의 토지권 및 노동권을 강화하려 하자, 쿠바에 맞서는 수단으로 쓰였다. 쿠바를 미주기구에서 쫓아내는 것만으로는 부족했다. 1964년, 케네디 정부는 미주기구가 쿠바에 제재를 가하도록 힘을 썼으며, 또한 모든 미주기구 회원국이 이 제재에 따를 것을 요구했다. 케네디의 명령을 거부한 유일한 미주기구 회원국은 멕시코였다.

1962년 1월 회의에서 미주기구는 "마르크스-레닌주의는 범미주 체제와는 양립할 수 없고, 이를 표방하는 정부가 공산주의 진영에 속하는 것은 아메리카 대륙의 단결과 연대를 해칠 것이다."라고 표명했다. 쿠바를 추방한 일은 아메리카 대륙에서는 공산주의를 인정할 수 없다는 것과 다름없었다. 아옌데도 이를 이해했다. 그래서 아옌데는 자신의 정부가 마르크스 원칙에 기반한다고 선언하지 않았으며, 소련과 공공연하게 관계를 맺는 것에 신중했다. 하지만 실제로 아옌데는 쿠바와 전면적인 외교 관계를 맺었고, 북한과도 무역 거래를 했다. 쿠바와 관련해서 다른 4개국도 칠레의 선례를 따랐고, 이는 미주기구의 봉쇄를 무력화하는 것이었다. 미국은 바로 이런 일들을 막고자 했다. 그래서 CIA가 쿠데타를 일으키고 싶어 안달이 났던 것이다. CIA가 헨리 키신저에게 보고하려고 1970년 12월 4일에 작성한 장문의 칠레 상황 보고 비망록에 따르면, "칠레는 쿠바보다 수준이 더 높기" 때문에 쿠바처럼 미주기구에서 추방당할 만한 행동을 하지는 않을 수 있다고 되어 있다. 미주기구 회원국들이 칠레의 회원국 지위에 직접적으로 이의를 제기하는 일을 주저할 가능성이 높았지만, CIA는 이런 주저함을 극복할 수 있도록 계획을 수립했다. 미국은 "칠레의 입장과 칠레가 하는 제안을 묵살하거나 조직적으로 이의를 제기하고, 미주개발은행 차관과 미주기구의 전문 지원을 교란, 연기 또는 중단"하는 방식을 통해 칠레의 팔을 비틀었다. 미주기구의 기구를 정당하게 활용하지 못하게 만듦으로써, 미국은 손을 쓸 수 없어진 아엔데가 스스로 자신들이 놓은 덫, 즉 미주기구 회원국 자격 박탈과 외교적 고립을 향해 걸어가도록 유도했다.

미주기구가 미국의 압력에도 굴하지 않자, 1971년 재무부 장관 존 코널리는 닉슨에게 미주기구에서 나와 양자 중심으로 개별 라틴 아메리카 국가와 접촉할 것을 제안했다. 양자 회담에서는 미국이 언제나 우월한 지위를 가지기 때문에, 미국의 압박에 굴복하지 않았던 각국을 손쉽게 고립시킬 수 있을 것이었다. 코널리는 미국이 개별적으로 각국과 협상할 수 있다면, "페루와 브라질에도 압력을 행사할 수 있을 것"이라고 말했다. 미국이 보기에 미주기구는 단순히 권력을 행사하기 위한 수단일 뿐 지역 협력을 구축하는 플랫폼은 아니었다. 순진한 사람이나 미주기구 헌장을 읽고 진지하게 받아들였을 것이다.

제재 조치가 칠레 경제에 심한 타격을 주었지만, 미주기구에서 칠레를 쫓아내기란 쉬운 일이 아니었다. 서구 정보기관들은 국제무대에서 아엔데의 명성을 실추시키기 위해 부단히도 노력했다. 아엔데의 말은 제3세계에 반향을 일으켰다. 그는 1972년 UN 연설에서 미국과 그 동맹국이 지원하는 다국적기업의 권력과 주권국 간의 싸움이 벌어지는 세계를 설명했다. 이 이야기는 당시 무역과 개발 체제를 완전히 혁신하는 신국제경제질서를 통과시키는 것을 주요 목표로 했던 비동맹운동에 영향을 주었다. 아엔데는 서구 국가들이 신국제경제질서를 수용할 리 없으며, "전체 세계 정치 구조가 침식되고 있다."고 경고했다. 그가 보기에 이러한 수사는 과장이 아니었으며 사실을 말한 것일 뿐이었다. 1973년 9월, 알제리에서 비동맹운동 세력들이 모였을 때, 아옌데는 그 자리에 없었다. 인디라 간디 인도 총리는 9월 6일 개회사에서 "우리 모두가 치르고 있는 전쟁을 겪고 있는 칠레 아옌데 대통령이 이 자리에 함께하지 않아 안타깝습니다."라고 말했다. **우리 모두가 치르고 있는** 전쟁. 제3세계 진영과 소련 진영이 그대로 있는 한 고립 작전은 제대로 작동할 수 없었다. 그럼에도 이 연설을 하고 5일이 지난 9월 11일에 칠레에서 쿠데타가 일어났다. 아옌데는 사망했다.

제3세계와 소련 진영이라는 그림자가 20년 만에 걷히자, 미국과 그 동맹국이 외교적 고립을 정권 교체의 수단으로 삼기가 훨씬 수월해졌다. 2011년 NATO가 전쟁을 벌이기 전, 아랍연맹이 리비아를 쫓아내는 일도 쉬웠다. 또한 베네수엘라와 볼리비아를 상대로 미주기구를 무기처럼 활용하는 일 또한 한없이 쉬웠다.

6. 대규모 시위를 조직하라

쿠데타는 절대로 쿠데타여서는 안 된다. 쿠데타라고 불리게 되면 미국 정부가 다른 나라의 민주화를 전복하거나 최소한 타국에 개입했음을 인정하는 꼴이 되기 때문이다. 그러니 쿠데타는 다른 이름으로 진행되어야 한다. 반독재 대중 봉기로 시작하여, 민족주의적인 군대가 개입해 상황을 해결하는 식으로 말이다. 그러면 이 과정은 '정권 인수' 또는 '과도적 단계'가 될 수 있다. 이렇게 쿠데타를 인식하도록 만들어야 한다.

CIA의 언론 통제 덕분에 주요 서구 신문은 이러한 과정을 쿠데타나 전쟁이라고 지칭하지 않았다. 〈뉴욕타임스〉의 핸슨 볼드윈은 존 포스터 덜레스에게 전면적으로 협력해 CIA가 이란에서 일으킨 1953년 쿠데타에 관한 기사를 작성했다. 과테말라 쿠데타 보도 역시 마찬가지였다. 과테말라군이 아르벤스와 공산주의 세력 지지자를 학살하기 시작했을 시기에, 볼드윈은 1954년 6월 22일 자 기사로 "가히 **오페라 부프**(희가극) 수준의 과테말라 '전쟁'"이라고 썼다. 그가 보기에 이것은 "현재까지는 전투가 없지만, 선언문과 루머로 점철된 전쟁"이었다. '쿠데타'라는 단어는 전혀 등장하지 않지만, 불안감을 조성하는 문구로 '전쟁'이 등장한다.

대중 봉기가 성립하려면 수많은 대중이 거리로 나와야 한다. 그러나 대중이 (모사데그와 아르벤스 때처럼) 정부를 지지한다면, 이 대중의 성격을 어떻게 조작할까. 여기서는 돈이 해결사로 등장한다. 커밋 루스벨트는 1953년 테헤란과 그 인근에 백만 달러를 뿌려 시위 '아르바이트'를 모았다. 퓨리포이는 과테말라시에서 CIA 동료 하워드 헌트와 함께 이 같은 작전을 진행했다. 아르벤스와 그의 가족이 과테말라를 떠날 때 CIA로부터 받은 돈으로 잘 차려입은 군중이 지근거리에서 아르벤스 일가에게 욕을 했다. 군중들은 멕시코행 비행기에 오르기 전, 군의 강요로 옷을 모두 벗은 아르벤스의 모습을 지켜보았다.

CIA 몬테비데오 지부의 필립 아지는 1964년 4월 1일 자 일기에 CIA 리우 지부장 네드 홀먼으로부터 들은 브라질 군사 쿠데타 내용을 적었다. 그에 따르면 "굴라르 정부에 반대하는 대규모 도심 집회에 자금을 대고 신, 국가, 가족, 자유라는 전통적인 주제가 효과적임을 증명한" 것은 바로 CIA 리우 지부와 기타 하위 조직들이었다. CIA의 위장 요원 윌리엄 도허티는 브라질 쿠데타에 대해 "계획적인, 그것도 수개월 전부터 계획된 것이었다. 많은 노동조합 간부(사실 이들 중 일부는 우리 기관에서 교육했다.)가 이 혁명과 굴라르 정권 전복에 참여했다."고 말했다. CIA 국장 윌리엄 콜비는 칠레에서 시위 '아르바이트'를 모집하고 파업을 보조하는 데 800만 달러 이상을 사용하도록 승인했다. 1973년 2월, 미군 대령 제럴드 실스는 칠레의 장군 아우구스토 피노체트에게 사회주의자 대통령인 아옌데를 몰아낼 행동을 언제 개시할지 물었다. 피노체트는 "시기가 좀 더 무르익어야 한다. 대중이 거리로 몰려나와 우리에게 행동하라고 부탁하기 전까지는 군이 아옌데에 맞서 행동에 나설 수 없다."고 말했다. CIA는 행동에 나섰다. '파업'과 '시위'에 돈을 썼고, 피노체트가 군대를 움직일 명분을 만들어 주었다. '시위'가 없으면 군이 정당하게 행동에 나설 수 없기 때문이다.

이러한 '아르바이트' 시위대는 반공 슬로건과 함께 아르벤스 및 포르투니의 목숨을 위협하는 문구로 과테말라의 수도를 도배했다. 과테말라군 장교들은 미군 고문으로부터 현 정부를 타도하지 않으면 미국이 침공할 것이라는 이야기를 들었다. 이 협박은 다수의 충성스러운 장교들을 불안하게 만들었고, 그들은 쿠데타가 일어나자 몸을 사리거나 쿠데타에 동참하는 양자택일을 했다.

과테말라를 휩쓴 쿠데타의 열기는 카리브해 일대에 남아 있다가 영국령 기아나(현 가이아나)를 덮쳤다. 1953년, 영국령 기아나에서 민중들은 목재산업노동조합Sawmill and Forest Workers' Union과 인민진보당의 지도자 체디 자간을 총리로 선출했다. 자간은 공산당원은 아니었지만 영국령 기아나의 '작은 모스크바'로 불렸던 포트 모란트 출신의 마르크스주의자였다. 영국령 기아나의 주인 행세를 하던 윈스턴 처칠 총리는 자간을 몰아내고 싶어 했다. 자간이 추진한 새로운 노동법과 사회주의 정책은 처칠을 질겁하게 만들었다. 처칠은 식민지 수상 올리버 리틀턴에게 보낸 서한에서 "영국령 기아나에서 공산주의의 뿌리를 뽑기 위해 할 수 있는 모든 것을 다 하려면 미국의 지지를 얻어야 한다."고 적었다. 하지만 이란과 과테말라로 정신이 없던 미국은 이 문제에 즉각적인 관심을 보이지 않았다. 처칠은 자간을 제거하기 위해 군대를 파병했다. 아주 간단한 작전이었고, 대중의 지지도 필요치 않았다.

10년 후 자간이 재집권하자, 이번에는 미국이 그를 제거하는 데 관심을 보였다. 존 F. 케네디 대통령의 자문은 1961년 8월 케네디에게 "자간을 대체할 인물을 찾을 가능성." 즉 가이아나의 정권 교체를 이야기하는 서한을 보냈다. 자간의 지지도가 매우 높았기 때문에 단순히 군사적으로 개입하는 것은 성공률이 낮아 보였다. CIA는 노동조합을 활용해 자간에 맞서기로 했다. CIA는 미국의 노동조합 운동, 즉 미국 최대 노동연맹-산별노조협의회AFL-CIO와 긴밀하게 협력해 자유노동조합협회Free Trade Union Institute, 자유노동발전연구소American Institute for Free Labor Development 등 다양한 위장 단체를 만들었다. 이러한 위장 단체는 미국 정부의 돈을 전 세계 노동조합에 살포하는 통로 역할을 했으며, 소속 요원들은 좌파에 맞서는 우파 노조원을 육성했다. 주로 마피아와 파시스트 단체처럼 매우 꺼림칙한 목적을 추구하는 사람 또는 단체가 전 세계에서 이들의 조력자 역할을 했다. 유럽과 민족해방 국가에서 계급투쟁을 무너뜨리기 위해서라면, 이들은 그 누구든 받아들였다.

1947년 프랑스에서 파업 물결이 일어나던 당시, 우파와 마피아는 노동자를 상대로 광란적인 행동에 나섰다. 공산주의 투사 뱅상 보랑이 마르세이유 마피아에게 살해당한 일은 앞서 말한 것과 같은 동맹이 작동하고 있음을 보여주는 전조였다. 보랑의 장례식이 거행되던 날, 마르세이유 노동자 중 4분의 3이 파업에 나섰다. 항만 노동자는 광산 노동자와 함께 도시를 봉쇄했다. 그들은 프랑스 남부 지역에서 공산주의 반란을 일으킬 것이라며 위협적으로 시위했다. 이에 CIA의 프랭크 위스너는 자유노동조합위원회Free Trade Union Committee의 제이 러브스톤(전 미국공산당 지도자)을 만났고, 그 후부터 러브스톤은 반공주의 노동조합인 노동자의 힘Force Ouvrière과 르 미유Le Milieu(마피아계), 더 정확하게는 코르시카 전선에 현금을 전달하기 시작했다. 거래의 골자는 마피아가 노조원을 위협하거나 공산주의자를 살해하는 대가로, 이들이 헤로인을 유럽에 반입하는 일을 프랑스와 미국 정부가 눈감아 주는 것이었다. 이는 일명 프렌치 커넥션으로 알려졌다. 또한, CIA는 심리전 부대를 파견해 공산주의 세력의 평판을 떨어뜨렸다. 밀가루 6만 자루를 실은 선박이 항구에 들어오고 항만 노동자들이 하역을 거부하자, CIA는 노동조합과 공산주의 세력이 배고픈 민중에게 등을 돌렸다는 이야기를 퍼트렸다.

영국령 기아나의 노동계급 사이에서 장난질을 시작한 것은 바로 미국의 자금 지원을 받은 이들 '자유 노동' 단체였다. 이 단체들은 노동조합 운동에 자금을 대고 운동을 분쇄했다. 바로 이런 식으로 CIA는 '대중'이 좌파 정부에게서 등을 돌리게 만든다. 미국 노동총동맹의 세라피노 로무알디는 1951년 기아나에서 노동조합의 씨앗을 뿌렸고, 10여 년 후 결실을 거두었다. 1962년, 기아나 노동조합 간부 8명은 자유노동조합위원회가 운영하는 교육 과정을 수강했다. 이들은 1961년 9월에 집권한 자간 정부에 반감을 가진 채로 기아나로 돌아왔다. 1963년, 이 노동조합 간부들과 소속 노동조합은 총파업을 일으켜 석 달 동안 지속했으며, 자간 정부에 막대한 타격을 입혔다. 이들의 노동조합이 유지될 수 있었던 것은 AFL-CIO 소속 두 조직(미국 주·지방 공무원연맹과 국제소매점원 노동조합)으로부터 자금을 제공받았기 때문이었다. 이러한 CIA 자금은 고담재단Gotham Foundation(CIA 설립) 등과 같은 민간 재단을 통해 AFL-CIO로 흘러 들어갔다. CIA는 국제공공노동조합연맹의 국제부(핵심 인물 윌리엄 하워드 맥케이브는 CIA 요원이었다), AFL-CIO

의 노무사 제럴드 오키프(CIA 요원으로 추정) 등과 같이 여러 위장 노동 단체에 손길을 뻗치고 있었다. 오키프는 자간을 반대했던 노동운동 지도자 리처드 이스마엘과 자간의 주요 정적인 포브스 번햄에게 자금을 제공해 정부와 정부 지지자를 상대로 폭력 및 파괴 행위를 사주할 사람을 구하도록 한 것으로 알려져 있다. 플라이패스트 작전Operation Flypast으로 알려진 이 사건 이후, 영국 외무부의 J. C. 스택풀이 이 두 기관을 AFL-CIA라고 부르기 시작했을 정도로 CIA와 AFL-CIO의 관계가 매우 밀접해졌다.

결국 자간 정부는 무너졌고, 심각한 타격을 받아 1964년 선거에서 패배했다. 선거 승리를 거둔 번햄은 1980년까지 미국의 지원을 받으며 가이아나를 통치했고, 번햄의 당은 1992년까지 집권당 지위를 유지했다.

가이아나에서 혼란을 조장하는 한편, 로무알디와 그의 AFL-CIA 팀은 이 같은 장난질의 무대를 도미니카공화국으로 옮겼다. 사회주의자이며, 1962년 대선에서 승리한 후안 보쉬는 온건한 농지 개혁 의제를 추진하려고 시도했다. 그러나 그는 곧 도미니카공화국의 모든 주요 대중 조직이 CIA의 위장 단체이거나 AFL-CIA 때문에 속 빈 강정이 되었음을 알게 되었다. 그의 측근 사챠 볼먼도 CIA 요원이었다. 볼먼은 AFL-CIA가 주요 노동조합인 전국자유노동자총연맹Confederación Nacional de Trabajadores Libres, CONATRAL을 만드는 동안 주요 농민 단체(전국농민연맹Federación Nacional de Hermandades Campesinas, FENHERCA)의 힘을 빼놓았다. 보쉬 정부의 관료와 전문가들은 미주사회학연구센터Inter-American Center for Social Studies에서 자금을 지원받은 국제노동연구소International Institute for Labor Studies에서 교육받았다. 이 연구소는 CIA 위장 단체인 J. M. 카플란재단으로부터 돈을 받고 있엇다. 보쉬는 헛된 기반 위에 서 있었던 것이다. 보쉬를 제거해야 할 때가 되자, AFL-CIA는 노동자를 자극해 파업에 나서게 했다. 보쉬는 대규모 반정부 소요 사태로 보이는 이 상황에 굴복할 수밖에 없었다.

7. 청신호

[쿠데타를 기록한 문서를 보면] 언제나 청신호가 있다. 권력의 교활함을 기록한 이러한 문서가 우리에게 공개되는 것은 50년 후, 즉 이미 일이 일어나 세상이 바뀌고 나서다. 그리고 권력은 세대가 지나서야 과거 쿠데타에서 자신들이 역할을 했음을 구렁이 담 넘어가듯 인정한다. 하지만 이들은 이 같은 **정권 교체 매뉴얼**이 현재 적용 중일 때에는 자신을 절대 드러내지 않는다.

1953년 7월 11일: 법적, 준準 법적 방법으로 모사데그 정부를 무너뜨리고 샤를 지도자로, 파즐롤라 자헤디를 총리로 하는 친서방 정부로 교체한다.

1960년 8월 26일: 윗선에서 명확하게 내린 결론은 루뭄바가 고위직에 계속 있으면, 최소한 혼란, 최악의 경우 콩고의 공산화로 이어지는 필연적 결과를 맞이하게 된다는 것이다. 그를 제거하는 것이 시급하며 가장 중요한 목표이다. 우리의 비밀 작전에서 이를 최우선으로 해야 한다.

청신호가 켜지자, CIA 파일럿들이 P-47 선더볼트를 몰고 과테말라시로 날아갔다. 그들은 50구경 기관총을 발사하고 5파운드짜리 세열 폭탄을 투하하며 소동을 일으켰다.

그렇지만 그 어떤 쿠데타도 보이는 것처럼 쉽지만은 않다. 무장도 제대로 하지 못한 카스티요 아르마스의 대대는 신속하게 수도로 진격하는 데 실패했다. 그들 대부분이 국경수비대와 군에 패했다. 그 와중에 CIA 항공기가 석유 탱크를 폭격했는데, 한 CIA 요원이 서술한 바에 따르면, 이런 작태는 쿠데타 세력에게 "믿을 수 없을 정도로 약하고 결단력도 없으며 소심한 행동"이라는 인상을 심어 주었다고 한다. 그러나 군은 미국의 침공을 두려워했다. 아르벤스의 측근은 기지에 방문했을 때 장교들이 막사에서 몸을 사리고 있는 것을 발견했다. 그는 아르벤스에게 장교들이 "미국이 과테말라를 공격하는 이유가 단지 대통령과 그의 공산주의자 친구들 때문이라고 생각한다. 대통령이 사임하지 않으면, 군은 수도로 진격해 대통령을 쫓아낼 것"이라고 보고했다. CIA는 군이 이미 쿠데타를 마음먹었다는 사실을 인지하지 못했다. CIA는 과테말라에 대대적인 폭격과 라디오 방송 공세를 승인했다. 그러나 군부는 권력을 장악했으며, CIA에는 등을 돌렸다. 퓨리포이 대사는 "우리는 배신당했다."고 말했다. 하지만 퓨리포이는 자신이 무엇을 해야 할지 알았다. 그는 군에 호통을 쳤고, 군은 무릎을 꿇었다. 이후 11일간, 군사정권의 수반이 다섯 번이나 바뀌었다. 군사정권 지도자는 바뀔 때마다 기꺼이 자신의 전임자보다 더욱더 미국에 굽실거렸다.

8. 암살 연구

과테말라공산당의 지도자였던 포르투니는 멕시코 대사관으로 망명했다. 아르벤스의 축출이 아메리카 대륙에서 미국이 공산당 정부를 용인할 수 없음을 나타내는 것이냐는 질문을 받았을 때, 그는 "각자의 생각에 맡기겠다."라고 대답했다. 그는 멕시코시티에서 2005년 89세를 일기로 사망했다.

오랫동안 CIA는 주요 지도자를 암살하면 민족해방 국가의 결의를 약화할 수 있다고 생각해 왔다. 과테말라와 관련해 어느 CIA 요원은 "고위 공직자를 제거하면 정부 붕괴를 이룩할 수 있을 것"이라고 적었다. CIA 기획부는 과테말라 군부가 작성한 1949년 좌파 명단을 손에 넣었다. 처형해야 할 사람들이 적힌 '제거 대상 명단'이 회람되었다. 농민과 노동자 지도자, 공산주의자, 마르크스주의 지식인 등 모두가 명단에 올랐다. 1952년 1월, CIA는 "새로운 정부가 반공산주의 쿠데타에 성공할 경우 즉시 제거하고자 하는 최우선 순위 공산주의자" 명단을 작성했다. 또한 1952년 1월 29일에

"본부에서 새로운 정부가 반공산주의 쿠데타 성공 시 즉시 구금 encarcerate(원문 그대로 인용)하기를 원하는 공산주의자 또는 동조자 명단 요청함. 다음 명단 검토 후 추가 또는 삭제 바람."이라는 내용의 전문을 보냈다. 이 전문에 쓰인 '구금encarcerate'이라는 단어를 볼 때마다 오타를 수정한 단어incarcerate가 아니라, 소각incinerate이라는 단어로 읽게 된다. 두 단어 모두 적용 가능하기 때문이다. 과테말라의 강성 우파에게 무기가 전달되었고, 아르벤스 정부에 반대하는 사보타주 작전이 시작되었다. 1953년 CIA는 심리전의 일환으로 공산주의 세력 지도자에게 1개월간 매일같이 '살인 예고장'을 보냈다. 그리고 PB석세스PB SUCCESS라는 새로운 프로그램을 만들어 "현재 공산주의자가 장악한 과테말라 정부의 위협을 비밀리에, 그리고 가능하면 유혈사태 없이 제거"하려고 시도했다. 암살팀(일명 K 그룹)과 파괴 공작 그룹이 각각 공작에 착수했다.

CIA의 과테말라 파일은 〈암살 연구〉(1953)라는 간결한 제하의 소름 끼치는 19쪽짜리 문서이다. 이 문서에서는 "그 어떠한 암살 지시도 서면 또는 기록으로 남겨서는 안 된다."고 말한다. 결정은 현장에서 내려야 하고, 결정 사항이 현장을 벗어나 유출되어서도 안 된다. 암살에 활용할 수 있는 도구는 망치에서 주방용 칼에 이르기까지 "단단하고 무거우며 가까이 있는 물건이면 충분하다."고 되어 있다. "경부의 척수를 끊는 것이 가장 확실"하다고 하는데, 이렇게 하려면 칼을 써야 한다. 또한, "비위가 약한 사람은 시도하지 말 것"이라고 쓰여 있다. 이 같은 연구는 미국 제국주를 보조하는 군대와 준 군사 집단을 위해 계속 작성되었다. 1983년 온두라스군 장교들은 〈인적자원 이용 교범Human Resource Exploitation Training Manual〉을 읽었다. 여기에는 살인 방법이 덜 적나라하게 서술되어 있지만, 원하는 결과를 얻기 위해 무력을 이용하는 것, 특히 계급투쟁을 진압하는 방법을 명확하게 제시하고 있다. 온두라스군 316대대는 좌파 인물 수백 명을 무작위로 연행해 고문했으며, 사회로 내보내기에는 매우 위험한 이들로 간주해 살해해 버린 것으로 정평이 났다. CIA 강사도 자신의 일을 성공적으로 수행했다. CIA의 댄 미트리온은 우루과이에서 우파 그룹에게 고문 활용법을 전수했다. "정위치에 정확하게 의도한 고통을 정량만큼 주어 원하는 효과를 낸다."가 그의 신조였다. 미트리온이 즐겨 사용한 고문법은 성기에 전기 고문을 가하는 것이었다. 그는 1970년에 우루과이의 좌파 무장투쟁 단체 투파마로스Tupamaros 손에 살해당했다.

숫자로 본 정치적 학살Politicide 중 가장 끔찍한 기록은 단연코 1965년 10월부터 짧은 기간 동안 벌어진 좌파 및 좌파 지지자 학살이다. 인도차이나 북부에서 베트남 민중은 미군의 폭격으로부터 스스로를 방어하고 있었다. 베트남 민중의 포기하지 않는 근성은 CIA가 보기에도 명확했다. 10월에 CIA는 "공중전으로 인한 소모가 지속되고, 남베트남에 주둔하는 미군이 늘어나고 있음에도, 하노이는 남베트남과의 전쟁을 이어가겠다는 결의를 계속 강력하게 내비치고 있다."고 평했다. 1965년 3월에 미국 해병대 3천 500명이 베트남에 상륙했다. 수천의 전투 부대 중 수백 명이 선발

대로 도착했다. 미국은 한반도에서의 대치를 중단하고 베트남전을 확전하기 시작했다. 그리고 같은 달, 즉 남북한이 정전에 들어간 지 10여 년째 되던 1965년 3월, 김일성(조선민주주의 인민공화국 주석)은 중국 대표단을 접견했다. 당시 김일성이 한 발언은 CIA의 우려를 자아냈다. "한반도에서 전쟁이 일어난다면, 우리는 중국의 도움을 필요로 할 것이며, 함께 싸우기를 원한다. 마오쩌둥 동지가 말했듯 중국의 북동쪽은 우리 후방 지역이다. 그렇기에 더 나아가면 중국 전체도 우리 후방 지역이다."라고 말했기 때문이다. 중국은 1964년에 원자폭탄 실험을 막 마쳤고, 한반도까지 핵 방패를 확장하려 했다. 미국의 입장은 린든 B. 존슨 대통령의 연설에서 명확히 드러났다. 그해, 존슨은 공산주의 세력을 향해 이렇게 말했다. "유럽에 말했던 것처럼, 우리는 동남아시아에도 성경의 말씀을 빌어 말한다. 네가 여기까지 오고 더 넘어가지 못하리니." 여기서 '더 넘어가지 못한다.'는 말은 동남아시아에만 적용된 것이 아니라, 소련, 중국, 북한과 북베트남 이외의 모든 지역을 말하는 것이다.

중국을 빼고는 세계 최대의 공산당이 있던 인도네시아에 이 말이 적용되었다. 인도네시아공산당PKI은 공산주의로 점점 기울기 시작한 수카르노 대통령과 중요한 관계를 맺고 있었다. 1965년, 인도네시아군 일부가 수카르노에 반대하여 움직이더니 국가기관을 접수했다. 그리고 이들은 현대사에서도 손에 꼽힐 정도로 가장 무시무시한 정치 숙청에 나섰다. 인도네시아군과 연합 세력

(주로 종교 단체를 포함하는 광적인 반공주의 세력)은 이 학살로 백만 명 이상을 살해했다. 미국이 이 시기에 관한 문서를 완전히 공개하고 있지는 않지만, 미국과 호주가 인도네시아 군부에 암살해야 할 공산주의자 명단을 넘겼고, 군이 학살을 자행하도록 부추겼으며, 이 극악무도한 일을 은폐했다는 점은 확실하다.

미국이 공개한 전문을 보면 주 자카르타 미국 대사관에서 일의 전모를 모두 파악하고 있었음을 알 수 있다. 학살이 일어나기 석 달 전인 1965년 12월 21일, 미국 대사관의 정치 참사관은 "신뢰할 만한 발리인 소식통으로부터 발리섬 PKI 사망자 총계가 약 1만 명에 달하며, 여기에는 비밀 공산주의 동조자 수테자 주지사의 부모와 먼 친인척까지 포함되었다는 소식이 대사관으로 전달되었다."고 적었다. 여기서 말하는 사람은 아낙 아궁 바구스 수테자다. 그는 왕실의 일원으로 태어나 반일, 반네덜란드 투쟁에 참여했고, 네덜란드 당국에 붙잡혀 1948년부터 1949년까지 투옥 생활을 한 사람이다. 1949년 인도네시아가 독립한 후, 수테자는 발리섬 행정부를 이끌 주지사로 임명되었다. 인도네시아군은 그의 방계 가족을 살해한 것으로도 모자라 그 자신도 '증발'시켜 버렸다. 1966년 CIA 요원 에드워드 마스터스는 "많은 주에서 수감자를 처리하거나 체포 전에 살해하는 문제에 성공적으로 대응하는 것으로 보인다."라는 내용의 전문을 보냈다. 여기서 그는 공산주의자 수감자를 지칭했다. 미국은 인도네시아군에 5천 명 이상의 공산주의 세력 지도자 명단을 넘겼다. 호주도 자체 명단을 보유하고 있었다.

1965년 10월 초, 주 인도네시아 호주 대사 키스 샨은 공산주의자 학살이 "지금이 아니면 요원"하며, 군이 공산주의자에 맞서 "확고부동하게 행동할" 것을 "온 마음을 다해" 바란다고 썼다. 그는 격정할 필요가 없었다. 1966년, 해럴드 홀트 호주 총리는 뉴욕의 청중을 상대로 "50만에서 백만 명에 달하는 공산주의 동조자들을 처리했으니, 방향 재설정이 시작되었다고 생각해도 될 것"이라고 말했다.

과테말라나 인도네시아, 1967년 남베트남에서 진행된 피닉스 프로그램으로, 미국 정부와 동맹국은 현지의 지배계급과 군부 내 친구들을 부추겨 좌파를 완전히 살육했다. 피닉스 프로그램은 1967년부터 1971년까지 수행되었다. 1968년 기록된 CIA 비망록(《피닉스 프로그램 평가》)에서는 프로그램의 세 가지 목표 중 하나가 "VCI(베트콩 인프라의 약자) 1만 2천 명을 제압하는 것"이라고 명시하고 있다. 이 평가 문서에서 CIA는 남베트남에서 활동하는 베트남 민족해방운동 간부가 약 8만 2천 명에 이를 것으로 보았다. 이들 중 미국과 남베트남 내 동맹 세력이 1968년에 살해한 사람들의 수는 11,066명으로, 그 가운데 83.5퍼센트가 "마을 또는 부락 단위에서 활동"하던 사람들이었다. 미국은 더 고위급 간부를 죽이고자 했고, 그래서 암살해야 할(CIA 언어로는 '제압해야 할') "VCI 간부와 주요 활동가 리스트가 미국 관료들로부터 탄생"했다.

미국 정부는 군사정권과 함께 아르헨티나부터 파라과이까지, 남미 전역에서 공산주의자 납치, 고문, 살인도 저질렀다. 1976년부터 1989년까지 운영된 이 계획은 콘도르 작전이라고 불렸다. 작전에 따라 약 10만 명이 살해당했고 50만 명이 투옥되었다. 1977년에 작성된 CIA 문서 〈코노 수르Cono Sur(남미 원뿔 지대) 내 대테러리즘〉에 따르면, 콘도르 작전은 CIA의 감독 하에 칠레가 전산화된 데이터 은행을 개발하고("모든 회원이 이미 알고 있는 테러리스트나 테러 용의자 정보를 제공할 것"), 브라질은 '콘도르텔'(그룹 통신 네트워크)용 장비를 준비하는 것으로 구성되었다. 콘도르 암살팀은 유명한 공산주의자, 야당 지도자, 인권 단체(국제 앰네스티 회원 포함) 등을 먹잇감으로 삼았다. 콘도르 요원은 공산주의자 살해를 목적으로 유럽에서도 작전을 펼쳤으며, 1976년 워싱턴 D. C.에서 전 주미국 칠레 대사였던 오를란도 레텔리에르와 그의 동료 로니 카펜모핏을 암살했다. 오랫동안 CIA에서 이 살인 사건에 관여했다고 여겨졌다. 한편 아르헨티나군은 미국 정부에 다급히 연락을 취해 레텔리에르 살인 사건 조사가 1976년 일어난 전 칠레 국방부 장관 카를로스 프라츠 장군과 배우자 소피아 쿠트베르트 암살 사건 정보로 이어질 것을 우려했다. 아르헨티나가 보낸 전문은 살바도르 아옌데의 최측근이었던 프라츠 장군이 콘도르 작전에 따라 살해되었다는 사실을 명확히 보여준다("프라츠 사건에서 아르헨티나의 책임을 은폐하기 위한 조치를 취해야 한다").

1971년 수단에서는 하셈 알아타 소령이 이끄는 공산주의 쿠데타가 일어나 아프리카의 세력 균형을 바꿨지만, 이 시도는 반쿠데타를 수단공산당과 노동조합 주요 지도부(수단공산당 창당 멤버였던 압델 칼릭 마줍 포함)를 체포하거나 암살할 기회로 활용한 가파르 니메이리 대령에게 단 4일 만에 격파당하고 말았다.

이러한 수법은 아르헨티나, 칠레, 브라질, 이라크, 가나에서도 활용되었다. 매우 치명적인 정치 사상에 무제한 살인 면허를 내주고 지상에 잔혹함을 풀어놓은 것이다. 그리고 미국과 그 동맹 세력은 라디오와 텔레비전 방송, 신문과 잡지를 이용해 진실을 틀어막거나 공산주의 세력이 자멸하도록 이야기를 날조했다.

9. 부인하라

아르벤스가 타도되고 공산주의자들이 살해당했을 때 미국은 관련 책임을 부인했다. 그러나 내심으로는 전율했다. CIA 국장 앨런 덜레스는 주 온두라스 미국 대사 화이팅 윌로어에게 쿠데타(실제 덜레스는 혁명이라고 불렀다.) 전문을 보냈다. 나중에 윌로어는 덜레스가 보낸 전문이 "사실상 나 아니었으면 혁명은 성공하지 못했을 것"이라는 내용이었다고 말했다. 미국 정부는 1966년 제정된 정보공개법에 따른 언론인의 정보 공개 요청을 거부하거나 무시하는 방식으로 자신의 활동을 은폐해 왔다. 소련이 붕괴하기 전까지 그 어떠한 문서도 공개되지 않았다. 이러한 문서 공개 거부는 과테말라군이 반대 세력에게 자행한 학살을 미국이 조장하고 관여하며 공모한 것과 함께 이루어졌다. 미국 국무부의 바이론 바키는 1968년 3월 내부 비망록에 CIA가 과테말라에서 용인하고 자행한 폭력이 "라틴 아메리카 내에서 우리의 이미지, 우리가 대의명분으로 내세우는 것의 신뢰도 측면에서 지대한 문제를" 가져다주었다고 적었다.

'우리가 대의명분으로 내세우는 것'이라는 바키의 말에서 위선의 쓴맛이 느껴진다.

쿠데타가 일어났을 때, 혹은 그 직후에 쿠데타 방식이 공개된다면, 그것을 부인해야 할 뿐만 아니라 쿠데타 의혹을 제기하는 사람을 음모론자로 낙인 찍어야 했다.

1967년, CIA는 〈워런 보고서 비판에 대하여〉라는 제하의 속달 문서(1035-960)를 제작했다. 이 문서를 작성하기 4년 전, 얼 워런 연방 대법원장이 이끄는 위원회에서는 존 F. 케네디 대통령 암살 보고서를 작성했다. CIA는 상당히 불성실한 워런 보고서를 둘러싼 여러 해석이 "미국 정부의 명성에 완전히" 먹칠을 할 것을 우려했다. CIA는 미국 정부의 활동에 심각한 문제를 제기하는 사람을 적극적으로 폄하하려 했다. 비판의 신빙성을 깎아내리기 위해서 CIA는 요원들에게 자유주의 논객에게 연락해 "그러한 음모론이 공산주의 선전 부대가 의도적으로 만든 것처럼 보인다는 점을 지적하고, 그들의 영향력을 활용해 근거 없고 무책임한 추측을 자제하게 만들도록 하라."고 지시했다.

'음모론'이라는 개념은 반공 철학자 칼 포퍼의 저서 《열린 사회와 그 적들》(1945)에서 탄생했다. 포퍼는 전쟁, 실업, 빈곤이 "일부 권력을 가진 개인과 집단이 직접 만들어 낸 결과"라는 관점에 반대했다. 마르크스주의와 같이 전쟁과 실업의 사회적 구조를 이해하고자 하는 사회이론은 그저 음모론이라고 명명하면서 조용히 치워 버릴 수 있었다. 포퍼는 음모론 집단이 과대망상적이며, 결국에는 나치즘과 같은 전체주의나 대학살 정책으로 이어질 것이라고 지적했다. 포퍼의 주장을 받아들인 자유주의자들은 미국 정부와 사회를 둘러싼 좌파 성향의 비판을 모두 음모론으로 보았다. 그들은 조 매카시와 존버치협회와 같은 진짜 음모론자들에게도 조롱과 비난을 보냈지만, 진지하게 대응하지는 않았다(대니얼 벨이 말하듯, 존버치협회와는 다르게 공산주의자들이 "모든 민주사회를 위협하는" 음모를 꾸미고 있다는 것이다). 이는 어떤 원칙을 가지고 음모론에 이의를 제기하는 것이 아니었다. 그저 자본주의와 제국주의에 관한 비난에 맞선 계급적 공격일 뿐이었다.

음모론은 미국 정부의 비밀 작전을 제대로 조사하려는 노력을 깎아내리는 데 활용되었다. 미국의 권력은 선하다는 맹목적 믿음은 미국 정부가 목적 달성을 위해 불법적인 수단을 절대 이용하지 않는다는 관점, 미국이 쿠데타를 조장했다는 주장은 음모론이라고 생각하는 관점을 만들어 냈다.

그래서 미국이 아르벤스 정부를 전복하려는 음모에 가담했다고 이야기하는 사람은 음모론자라고 조롱당했다. 그리고 그 음모론자들이 옳았음을 증명하는 문서가 공개되었을 때는, 이미 시간이 너무 많이 지난 뒤였다.

망각을 제조하다

미국은 [쿠데타와는] 별개의 존재로 있어야 했다. 그러나 비밀리에 활동하는 것만으로는 충분치 않았다. 미국은 자신이 제국주의 진영의 리더 역할을 하고 있음을 부인하면서도, 적들이 공포를 느낄 수 있을 정도로는 그 역할을 드러내야 했다. (반군 진압) 특임단의 비셀과 그의 동료들은 미국이 "전면에 나서지 않아야" 한다고 말했다. 그러나 나중에 리처드 닉슨 대통령은 백악관 비서실장 H. R. 홀드먼에게 자신이 선호하는 것은 "미치광이 이론"[2]이며 "북베트남이 내가 전쟁 종식을 위해 물불을 가리지 않을 수준에 다다랐다고, 원자폭탄 발사 버튼에 손을 올렸다고 믿기를 바란다."고까지 말했다. 미국의 권력을 두려워하도록 만드는 동종요법은 그 권력을 망각하도록 만드는 대증요법과 함께 처방되어야 했다.

자유와 해방. 이 두 단어를 서구와 연관시키고 소련과 그 동맹 세력, 신생 독립 국가에게는 독재와 권위주의 이미지를 덧씌우는 홍보 쿠데타가 자행되었다. '자유 세계'는 미국과 미국의 동맹만이 진짜 자유롭다거나 그들이 기본적인 자유주의 원칙에 헌신한다는 현실을 내세우는 것을 통해서가 아니라 돈과 재능, 여러 제도와 기구를 창설하고 문화적 상상력을 활용하여 대규모 프로젝트

---

2 협상을 할 때 상대에게 자신이 비논리적인 행동도 충분히 서슴없이 할 수 있는 미치광이라는 인식을 주어 협상을 유리하게 이끌어 나가려는 전략을 말한다.

를 펼친 것으로부터 탄생했다. 선전을 통해 해방이라는 단어가 서구를 상징하도록 만든 것이다.

'자유 세계'라는 개념은 미국 내에서 맹목적인 신념을 조장하고 사회주의 세계와 제3세계 프로젝트를 깎아내릴 목적으로 동원되었다. 언론과 기타 문화 산업에 돈을 쏟아부어 스탈린이나 나세르 같은 인물을 히틀러에 버금가게 묘사했다. 그들을 악의 정수로, 그들이 진행하는 프로젝트를 자유를 억압하는 것으로 그렸다. 여기서 자유란 먹고 배우며 건강할 수 있는 자원을 소유하는 것, 즉 온전하게 살아가기 위한 자유를 말하는 것이 아니었고, 그저 선거와 언론의 자유를 의미했다. 그러나 2차 세계대전의 여파로 프랑스, 그리스, 이탈리아가 겪었던 일, 제국주의 열강이 잃어버린 식민지를 되찾기 위해 권리를 주장하자 비로소 제3세계 민중이 깨닫게 된 일에서 볼 수 있듯이, 그러한 모든 자유의 정의에도 거짓이 있었다. 프랑스를 예로 들면, 그들은 권위주의에 반대하는 민주주의라는 미명 하에 알제리와 베트남에 개입할 권리를 주장했다. 미국이 반공산주의와 반전체주의를 내걸고 오랫동안 고착화된 지배계급을 대신해 아메리카 대륙에 상시적으로 개입했던 것처럼 말이다. 호찌민이 1920년대부터 말했던 프랑스 식민주의 자체가 전체주의라는 점과 미국이 아메리카 대륙에 개입하는 것 자체가 군부독재를 포함한 전체주의 체제를 강화했다는 사실은 중요치 않아 보였다. 이렇듯 민주주의를 공격하는 일은 자유, 즉 민중에 반하는 지배계급과 제국주의를 위한 자유의 이름으로 이루어졌다. 미국이나 프랑스 혹은 영국이 제3세계 국가에 개입하는 것은 자유를 위한 행동이고, 소련과 제3세계가 진행하는 프로젝트는 부자유의 정수라는 논리는 아주 훌륭하게 해석의 묘를 발휘한 것이었다.

이러한 해석을 내세우려면 우선은 특수한 버전의 역사를 마련해야 했다. 과거를 은폐하고, 망각을 제조하며, 실제 역사를 둘러싼 토론이 이루어질 여지를 차단해야 했다.

영리한 CIA와 다양한 CIA 산하 기구 및 사립 재단(포드재단 등)은 우파와 지배계급에 속하는 지식인 및 사회운동에 자금을 지원할 필요가 없다고 판단했다. 이들은 이미 지배계급과 제국주의 질서에 헌신적이었으며, 사적으로도 충분히 자금을 조달했기 때문이다. 그보다는 자유주의 세력과 반공 좌파를 강화하는 것이 더 중요했다. 1950년, 미국 정부는 문화자유회의Congress for Cultural Freedom를 설립해 전 세계의 좌파 성향 지식인에게 반공 시각을 퍼트렸다. 동시에, 포드재단 등 여러 미국 재단은 지식인 및 사회운동 단체에 대규모 연구 장학금과 보조금을 뿌렸다. 합리성을 희생하더라도 반마르크스주의와 반공 정서를 만드는 것이 그들의 목표였다. CIA와 포드재단은 긴밀한 협력 관계였다. 1967년에 CIA가 문화자유회의에 자금을 댔음이 밝혀지자, 해당 재단은 포드재단으로 넘겨져 국제문화자유협회라는 이름을 달았다. CIA와 포드재단의 돈은 《블랙 오르페우스Black Orpheus》(나이지리아), 《히와르Hiwar》(레바논), 《문도 누에보Mundo Nuevo》(프랑스 파리), 《퀘스트

Quest》(인도), 《트랜지션Transition》(우간다) 등의 잡지를 통해 그들의 촉수가 제3세계 인텔리겐치아에 더욱 깊이 파고들도록 했다. 이러한 정기 간행물, 풍부한 자금 지원을 받은 콘퍼런스, 출판 사업 및 영화는 이성 대신 종교의 우월성을 선전하는 등 반마르크스주의와 반민족해방 사상을 촉진하는 수단이 되었다.

CIA와 포드재단의 특기는 종교를 공산주의에 맞선 방파제로 삼아 기회주의적으로 활용하는 것이었다. CIA는 종교를 기반으로 제3세계의 대중을 조직하면서 공산주의, 좌파 민족주의, 노동조합주의, 심지어는 반교권주의 등 외래 사상의 위험성을 시사하기 위한 방편으로, 1964년 사우디 아라비아를 슬며시 자극해 무슬림세계연맹Muslim World League이 결성되도록 했다. 포드재단의 돈 프라이스는 반둥회의가 있기 수개월 전인 1955년 1월에 "모든 신생 독립국에서 문화적 독립성과 민족적 애국심을 고취하는 수단으로 종교의 부흥을 매우 강조하는 것 같다."고 말했다. 또한 그는 상관에게 "아시아의 종교 전통은 공산주의에 맞선 방파제가 될 수 있다."고 적어 보냈다. 프라이스는 종교가 "기술, 경제, 행정적인 측면에서 현대화를 꾀하는 아시아 국가에 장애물"로 작용한다는 점을 알고 있었지만, 그럴 만한 가치가 있다고 생각했다. 공산주의보다는 후진성이 나았으며, 이러한 후진성이 아시아 문화권의 고유성이라고 이념적으로 선동할 수 있었기 때문이다. 공산주의는 외래 사상이고, 후진성은 고유한 민족적 특성으로 인식되었다.

신부를 죽이고 애국자가 되자

1971년 3월 5일, 닉슨 대통령은 집무실로 최측근들을 불러 모아 라틴 아메리카에 관해 논의했다. 닉슨은 최근 10년 사이 있었던 가장 중요한 사건으로 "가톨릭 교회가 더욱 반항적이 된 것"을 꼽았다. 그는 "지금 교회의 3분의 1이 마르크스주의자, 3분의 1이 중도, 나머지 3분의 1이 가톨릭이다. 예전에는 가톨릭 교회가 여러 측면에서 자신의 역할을 효과적으로 수행할 수 있다고 믿을 수 있었다."라고 말했다. 그러나 그런 시절은 1962년 2차 바티칸 공의회가 열리고 해방신학이 등장하면서 끝났다. 일찍이 핵심적인 가톨릭 사제 중 일부는 예수가 혁명가였고, 그러니 자신들도 지배계급과 군부에 맞서 농민과 노동자의 편에 서야 한다는 깨달음을 얻었다. 급진적인 사상의 성장을 막는 사상적, 문화적 발판을 제공했던 것이 교회였기 때문에, 일부 성직자의 좌경화는 지배계급과 군부뿐만 아니라 바티칸 상층부와 미국 정부의 심각한 우려를 자아냈다.

가톨릭 공동체 전체에 걸쳐 구성원을 보유하고 있으며 전 세계 교회에 강한 영향력을 미치는 몰타기사단과 CIA는 밀접한 관계를 맺고 있었다. 1945년 유럽에서 나치 지도부가 도망칠 때, 바티칸의 알로이스 후달 주교는 몰타기사단과 협력해 남아메리카로 이들을 빼돌렸다. 나치 경찰의 수장이었던 클라우스 바르비는 볼리비아로 빠져나가 우고 반세르 장군의 선임 정보 요원으로 활동했다. 1948년, 몰타기사단은 CIA의 자산이자 나중에 서독 정보부의 수장이 된 나치 라인하르트 겔렌을 기사로 임명했다. CIA는 평신도 단체 가톨릭 액션Catholic Action에도 자금을 지원했다. 가톨릭 액션은 몰타기사단과도 연계가 있었지만, 이탈리아공산당의 승리를 저지하는 데 도움을 주고 좌파 성향 사제의 정보를 제공하던 극우 파시스트 분자들과 더 깊은 관계를 맺었다. 좌파에 맞서 종교를 무기화하기 위한 기반은 2차 세계대전 직후 극우 파시스트, 진짜 나치, CIA 요원, 자신의 부를 유지하고자 했던 지배계급, 그리고 교회 일부 세력들로 구성된 역겨운 조합에서 생겨났다.

닉슨이 가톨릭에 대해 언급한 지 얼마 지나지 않은 1975년, 볼리비아의 우고 반세르는 수하에 있던 클라우스 바르비의 조언에 따라 해방신학에 맞설 계획을 수립할 것을 볼리비아 내무부에 촉구했다. 반세르 정권의 내무부는 볼리비아의 팔랑헤당 운동 출신 파시스트로 채워져 있었다. 내무부를 이끌었던 이는 1967년 체 게바라를 처형한 부대를 지휘한 파시스트 성향의 안드레스 셀릭 춥 대령이다. 그는 반세르에 맞서 쿠데타를 일으키기 전까지 수년간 내무부 장관을 역임했다. 이후 1975년 후안 페레다 아스분이 볼리비아 내무부를 이끌다가 반세르의 뒤를 이어 독재자의 권좌에 앉았다. 페레다는 CIA와 밀접한 협력 관계를 통해 해방신학을 직접 공격하는 계획인 '반세르 계획'을 수립했다. 볼리비아 정보부는 CIA와 라틴 아메리카 10개국의 정보기관과 함께 해방신학자를 조사한 문서를 축적하고, 일부러 공산주의 문건을 교회에 심고, 진보적인 교회 출판물을 폐간시키며, 해방신학을 따르는 외국인 성직자와 수녀를 추방하기 시작했다. 1975년 7월 16일, 볼리비아 정보기관은 오루로Oruro에서 노동조합과 함께 파업을 공모한 혐의로 스페인 국적의 수녀 3명을 체포해 추방했다. 이 같은 체포와 추방은 일상다반사였다. 바티칸은 가톨릭 사제와 수녀를 보호하기 위한 아무런 조치도 취하지 않았다. CIA는 해방신학과 연관된 성직자와 수녀를 공격하고 교회에 폭탄 테러를 할 파시스트 종교 단체에 돈을 댔다.

폭력은 살인으로까지 이어졌다. 신부와 수녀들이 빈민가에 자리 잡았던 엘살바도르에서는 종교적인 파시스트 준 군사 조직이 간결한 구호, **'신부를 죽이고 애국자가 되자.**haz patria, mata un cura' 를 퍼트렸다. 예수회 신부 루틸리오 그란데는 수많은 살인이 자행되던 가운데 1977년 엘살바도르 보안군 손에 살해되었다. 이 같은 살육은 극우 암살단이 1980년 3월 오스카 로메로 산살바도르 대주교를 살해하면서 극에 달했다. 1980년 12월, 미국에서 온 수녀 4명이 엘살바도르 방위군에 납치되어 성폭행당하고 살해되었다. 사태는 거기에서 그치지 않았다. 1989년에는 미국으로부터 훈련을 받은 엘살바도르 육군 대대가 예수회 신부 6명과 가사도우미, 가사도우미의 딸을 무자비하게 살해했다. 알폰소 로페즈 트루히요 추기경은 라틴 아메리카 주교회의 사무국장이면서도, 교회를 떠나 준 군사 조직과 함께 콜롬비아의 산에 들어가 처형되어야 할 급진적인 사제와 수녀를 지목한 것으로 잘 알려져 있다. 나중에 로페즈 트루히요는 바티칸의 반동성애 캠페인도 이끌었다. 그는 1979년에 라틴 아메리카 주교 회의를 주최하기도 했는데, 그 자리에서 교황 요한 바오로 2세는 "예수님이 정치적인 인물이며, 혁명가이고, 나사렛을 전복했다고 하는 사상은 교회의 교리 교육에 부합하지 않는다."고 말했다.

해방신학을 둘러싼 닉슨의 우려는 10년 사이에 로널드 레이건 행정부를 위해 준비된 문건 두 개로 탈바꿈했다. 이 두 문건은 자칭 미주국가간안보회의Council for Inter-American Security가 작성한 것으로, 〈산타페 문서 1(1980), 2(1984)〉라는 이름으로 알려져 있다. 이 문서에서 그들은 평화가 아닌 전쟁이 국제 문제의 규범이며, 공산주의와의 주전장은 라틴 아메리카와 동남아시아라고 말했다. 요점은 미국이 "공산주의 세력으로부터 라틴 아메리카 국가의 독립을" 보호해야 하며, "다양성을 죽이는 공산주의에 정복되지 않도록 히스패닉 아메리카의 문화를 보존"해야 한다는 것이다. 첫번째 산타페 문서에는 해방신학에 동조하는 신부들이 "교회를 사유재산과 생산적인 자본주의에 반대하는 정치적 수단으로 활용"한다고 기술되어 있다. 두 번째 문서에서는 해방신학을 박살내기 위해 미국 정부가 가톨릭 교회 상층부와 더욱 긴밀한 관계를 형성해야 한다고 적었다. 1983년, 교황 요한 바오로 2세는 혁명의 진통을 겪는 니카라과에 가서 해방신학에 이끌리는 신부와 신도들을 공격했다.

바티칸이 해방신학에 공격당한 데다가, 가톨릭교도 역시 복음주의 교회로 서서히 경도되어 가는 듯했다. 대다수의 복음주의 교회는 미국 복음주의 사업, 특히 팻 로버트슨의 기독교방송 Christian Broadcasting Network으로부터 자금 지원을 받았다. 대형 복음주의 교회, 특히 신오순절neo-Pentecostal 교회[3] 대다수는 좌경화의 영향을 받지 않았다. 이들은 오푸스 데이Opus Dei[4]와 가톨릭 액션만큼이나 신뢰할 만했다. 과테말라의 에프라인 리오스 몬트 장군은 빈민가에서 공산주의자와 어울리는 가톨릭 신부를 경멸했다. 그는 개신교 분파, 특히 미국에 뿌리를 둔 분파가 사회정의가 아니라 개인의 진취성을 복음으로 설파한다고 생각했다. 리오스몬트가 가톨릭을 떠나 유레카복음전도교회Gospel Outreach Church of Eureka(캘리포니아)로 옮긴 것은 바로 그 때문이었다. 1982년, 그가 군사 쿠데타로 집권하자, 팻 로버트슨은 한달음에 과테말라시로 달려와 자신이 진행하는 '700클럽The 700 Club'에서 리오스 몬트를 인터뷰했다. 로버트슨은 300만 명 이상의 시청자 앞에서 리오스몬트를 '독실한 신자'로 묘사했다. 그러나 그 리오스 몬트는 군대를 풀어 자국민을 학살하게 만든 장본인이자 "우리와 함께한다면

---

3   오순절파는 순복음교회라고도 불리며, 성령을 통한 초자연적인 기적을 강조하는 분파이다. 신오순절 교회는 이러한 오순절파에서 기원한다. 오순절파에서는 '방언'을 성령 세례의 증거로 보는 반면, 신오순절파에서는 '다른 은사(기적)'을 체험한 것도 성령 세례를 받은 것으로 인정한다.

4   주로 평신도와 일부 성직자로 구성된 가톨릭 교회 단체이다. 1928년 설립되었으며, 보수적인 신학과 함께 교황 및 교회의 위계에 강경한 태도로 복종하는 것으로 유명하다. 스페인 파시스트 정권을 지지하는 등 논란을 겪었다.

먹을 것을 주겠지만, 그렇지 않으면 죽이겠다."고 말한 사람이다. 그가 쿠데타를 일으키기 약 10년 전, 칠레에서는 오순절 교회 지도자 32명이 피노체트의 쿠데타를 환영했다. 그들은 아옌데 축출을 다음과 같이 평가했다. "어두운 사탄의 힘이 현현한 것이 바로 마르크스주의라는 점을 깨달은 모든 신도들의 기도에 주님께서 응답하신 것이다. 우리 복음주의자들은 우리의 기도에 답하여 마르크스주의로부터 우리를 해방시킨 군부를 우리나라의 최고 권력으로 인정한다."

포드재단의 돈 프라이스가 버마에서도 썼듯이, 종교는 공산주의에 맞선 방파제였다.

무슬림의 부활이라는 희망에 공산주의 문제의 해답이 있다

1951년 8월, 〈민주 국가와 이슬람 세계의 반공산주의 세력화로의 연합을 위한 제안〉이라는 제목의 흥미로운 문서가 타이베이에서 워싱턴으로 송부되었다. 이 전문은 대만 주재 미국 무관으로 있던 데이비드 바렛 대령이 전달한 것이었다. 전문 작성자는 나중에 중국에서 이슬람 학자로 활동하였고, 1976년 대만에서 이슬람 교육문화재단Islamic Education Cultural Foundation을 설립한 하지 유수프 장이었다. 그는 2차 세계대전 직후, 서로 경쟁하는 세 가지 사상

체계가 민주주의, 공산주의, 이슬람주의라고 주장했다. 민주주의와 공산주의는 바렛이 있던 곳에서 멀리 떨어지지 않은 한반도에서 위험한 전쟁을 치르는 중이었다. 한편 이슬람주의는 수에즈 운하부터 수마트라섬까지 많은 곳에서 나타났다. 하지 유수프는 이슬람교가 민주주의나 공산주의 어느 쪽과도 동맹이 될 수 있기 때문에, 미국이 서둘러 이슬람교를 반공 대열에 동참시켜야 한다고 생각했다. 호라산, 시스탄, 페르시아 발루치스탄 담당 영국 총영사로 재직했던 영국 외교관 존 플레이페어 프라이스는 1951년 2월, 다음과 같이 말했다.

"무슬림의 부활이라는 희망에 공산주의 문제의 해답이 있다. 파키스탄은 무슬림의 부활을 이끌 자격을 갖추었다. 페르시아는 무슬림의 단결을 위한 교각이 될 것이다. 무슬림 세계는 힘의 보고다. 공산주의는 자신보다 더 강한 신념의 견제를 받을 것이며, 그러한 신념은 중근동[5] 지역에 있다."

이 말은 하지 유수프에게 영향을 주었다. 그는 다음과 같은 세 가지 목적을 가진 계획에 자금을 지원하라고 미국 정부에게 제안했다.

---

5 중근동은 아프리카 북동부에 있는 이집트에서 서아시아의 아랍 제국(터키, 시리아, 이란, 이라크 등) 근처까지를 말한다.

1. 무슬림 운동의 중심지로 선정된 곳에 이슬람문화협회Islamic Cultural Society를 세워 전 세계, 특히 중동과 중국의 무슬림과 긴밀한 연락망을 유지한다.

2. 미국인과 무슬림이 단일한 반공 전선에 함께 서도록 만들 목적으로 영어, 중국어, 아랍어, 우르두어, 말레이어로 된 정기간행물을 발행한다.

3. 문화회와 간행물 발행 사무소를 중국 또는 무슬림 국가 출신 무슬림이 운영하도록 한다. 이러한 기구가 미국의 지원을 받는다는 사실이 외부에 알려지지 않도록 하는 것이 가장 중요하다.

이것이 하지 유수프가 보낸 전문의 핵심이다. 바렛은 여기에 하지 유수프를 칭찬하는 말을 덧붙이며 이 정책을 실행할 사람으로 그를 채용할 것을 제안했다.

2년 후, CIA는 이란에서 아야톨라 아볼 가셈 카샤니와 함께 공산주의자들인 투데Tudeh당의 영향력과 권력이 성장하는 것을 막기 위한 작전을 펼쳤다. 카샤니는 복잡한 인물이었다. 그는 1951년에는 투데당을 "충직한 무슬림 단체"라고 옹호하였고, 새로운 "반제국주의 조직"이라고 생각했지만, 메카에 다녀온 뒤로는 모사데그를 내쫓고 그 자리에 파즐롤라 자헤디 장군을 앉히는 데 힘을 보태야겠다고 생각했다. 1952년 8월 미국 기술협조처사업단의 윌리엄 원이 카샤니를 만나러 테헤란을 방문했을 때, 카샤니는 그에게 사람들이 공산주의에 끌리는 이유는 불행과 절망 때문이라고 말했다. 그는 공산주의에 대해 "이란 최대의 적이며, 공산주의를 멈추려면 현재 우리 국민의 절망적인 상황이 개선되어야 한다. 배고픈 사람은 도덕적 가치나 종교를 따르지 않는다."고 말했다. 이란에서 공산주의자를 제거하려면 미국의 투자와 인프라 개발이 더 많이 필요했다. 그해 11월, 주 이란 미국 대사 로이 헨더슨은 카샤니를 만나 "강성 무신론이 퍼지는 것을 막기 위해 기독교를 믿는 미국이 이슬람교를 믿는 이란과 함께 협력한다는 상황을 만드는 것이 무엇보다 중요하다."는 이야기를 들었다. 반모사데그 쿠데타가 일어나던 날, 카샤니의 세력은 거리로 쏟아져 나왔다. 마침내 해방의 날이 온 것처럼 보였다.

카샤니는 범이슬람 운동을 만드는 데 적극적이었지만, 그 사명을 달성하지는 못했다. 1949년, 요르단 국왕 압둘라, 이란의 샤, 이라크 국왕, 터키 대통령은 범이슬람 운동 창설에 대해 고민했다. 그들은 반식민지 민족주의와 공산주의가 성장하는 것에 공통적으로 반감을 가지고 있었다. 1949년 10월, 한 영국 외무부 관료는 "현대 범이슬람 운동이 공산주의에 대항하는 공동 전선으로 만들어지는 한, 우리가 할 수 있는 범위 내에서 이들을 지원해야 함은 자명하다."라고 적었다. 시아파와 수니파, 무슬림형제단과 살라피Salafi 간의 간극도 이 운동의 발목을 잡을 수는 없었다. 이것이 현실화되지 못한 것은 순전히 의지 부족 때문이었다.

10년 후, 사우디 아라비아가 이 운동의 주도권을 잡았다. 1962년 5월 18일, 사우드 국왕이 메카에서 이슬람 콘퍼런스를 개최했다. 알제리에서 필리핀에 이르는 국가들의 이슬람 성직자와 학자들을 한데 모은 자리였다. 이날 오후, 참석자들은 무슬림세계연맹 Rabitat al-Alam al-Islami을 결성했다. 페트로 달러[6]의 지원을 받고 CIA에서 뒷받침한 이 기구는 인도주의 기구로 가장했지만, 사실 공산주의에 맞서 이슬람의 교리를 전파하고 소련 영토와 제3세계에서 반식민지 민족주의와 공산주의에 맞서 젊은층에 영향을 미치는 조직을 만드는 것을 목적으로 한 네트워크였다. 미국 관료 데이비드 롱은 "우리는 범이슬람을 전략적 위협으로 보지 않았다. 이들은 나쁜 놈들이기는 하지만 좌파(나세르)에게 못된 짓을 하면서 빨갱이와 싸우고 있었다. 그렇기에 우리는 범이슬람을 위협으로 인식하지 않았다."라고 말했다. 사우드 국왕이 파이살 왕세자에게 양위한 후, 국왕이 된 파이살은 세계 순방을 다니며 범이슬람 연맹에 대해 홍보했다. 무슬림세계연맹이 '시민사회' 네트워크였기 때문에, 파이살 국왕은 1969년에 각국 정부를 제대로 초청해 국가 간 기구인 이슬람협력기구OIC를 만들었다. 사우디 아라비아는 사이드 라마단의 제네바이슬람센터Islamic Centre of Geneva에 자금을

---

6 석유의 주된 결제 통화로서 달러의 위상을 나타내는 용어이다. 1970년대 사우디 아라비아와 미국이 비공식 계약으로 구축한 '페트로 달러' 체제로 인해 국제 원유는 달러로만 거래되기 시작했다. 사우디 아라비아가 석유 판매로 벌어들인 페트로 달러로 미국 국채를 사면, 미국은 사우디 아라비아 왕조에게 군사 장비를 파는 등 외교·정치적으로 후원하는 것이 협상의 기본 골자였다. 미국은 페트로 달러를 통해 원유 시장을 통제할 뿐만 아니라 달러 가치를 유지하는 이중 효과를 얻을 수 있었으며, 사우디 아라비아 왕조는 미군을 통해 안보 우산을 제공받게 되었다. 덕분에 미국은 무려 40년간 원자재 시장은 물론 실물경제 시장에서 달러 패권을 누렸다.

지원해 무슬림형제단을 반좌파 범이슬람 연맹으로 끌어들이고 자 했다. 이제 국가 간 기구(이슬람협력기구), 시민사회 조직(무슬림 세계연맹), 연구 기관(제네바이슬람센터)이 모두 설립되었다. 자금 의 출처는 석유였고, 방향 지시는 CIA가 했다.

사우디 아라비아의 자금은 무슬림 인구가 많은 지역 중에서 도 공산주의나 반식민지 민족주의가 확고하고, 이단적 이슬람교 가 우세한 곳에 살포되었다. 모스크를 건설하고, 성직자에게 영향 력을 행사하며, 빈곤층에 지원을 제공하고, 젊은층에게 서적과 선 전물을 배포하면서, 이렇게 정통 이슬람에서 삐져나와 새로이 등 장한 공격적인 세력들은, 후에 사회주의와 현대 사회에 반대하게 될 세력의 씨앗을 뿌렸다. 1951년 하지 유수프 장이 전문에서 말한 '무슬림의 부활'은 아랍 세계의 군주와 CIA의 합작품이었다.

"이 계기를 전환점으로 삼아야만 한다."

1979년 12월 31일에 누군가 높은 절벽에 올라가 지난 10년을 돌아보았다면, 급변한 세계 정세가 충격적으로 다가왔을 것이다.

이 10년이라는 기간 동안 전 세계 민중은 식민 지배로부터 식 민 전쟁을 통해 많은 지역을 해방시키며 어마어마한 진보를 이룩 했다. 1974-1975년 사이, 포르투갈 식민지 민중은 유럽의 가장 오 래된 식민 열강의 마수를 물리쳤다. 앙골라, 카보베르데, 기니비

사우, 모잠비크는 수십 년간 포르투갈에 맞서 싸웠고, 카네이션 혁명 덕분이었기는 했지만, 해방을 쟁취했을 뿐 아니라 작별 선물로 파시스트 정권의 종말을 포르투갈에 안겨 주었다. 아프리카 내 포르투갈 식민지의 해방은 로디지아에 즉각 영향을 미쳤다. 로디지아의 민족해방 전사들은 이언 스미스 정부를 타도하려는 세력을 더욱 강화했고, 1980년 결국 짐바브웨라는 이름으로 독립을 선언했다. 1975년, 베트남 민중은 미국 제국주의자들이 사이공 주재 미국 대사관 옥상에서 헬기를 타고 줄행랑치며 결과적으로 베트남 혁명에 무릎을 꿇는 모습을 지켜보았다. 그러나 미국이 베트남에 살포한 고엽제와 네이팜탄으로 인해 베트남 국토는 수많은 독성물질로 오염되었고, 민중들은 향후 수세대 동안 고통받게 되었다. 생명의 불모지로 변한 베트남은 보다 수월하게 사회주의로 이행할 수 있는 길을 차단당했다. 베트남은 전쟁에서 승리했지만, 수많은 가능성이 깊이 묻히고 말았다.

또다시 가난한 세 나라, 아프가니스탄(1978), 니카라과(1979), 그레나다(1979)에서 혁명이 빠르게 일어났다. 혁명은 최악의 빈곤 그리고 지배계급에게는 현 상황을 바꿀 수 있는 능력이 없다는 신념에서 비롯되었다. 그러나 혁명을 통해 국가를 안정시키거나 다양한 사회주의 정책을 실행하는 것은 허락되지 않았다. 아프가니스탄민주공화국이 농촌과 산간 지역에서 특히 심각한 불평등과 후진성을 벗어나기 위한 방향을 설정하기도 전에, 미국은 가장 악마 같은 세력들과 손잡고 이미 내부적으로 분열된 아프가니스탄 공산주의 운동을 무너뜨렸다. 또한 니카라과 마나과 항구에 기뢰를 설치하고, 니카라과 산디니스타 정부와 엘살바도르 및 과테말라의 진보 세력을 상대로 한 일련의 더러운 전쟁을 일으켰다. 마지막으로, 그레나다의 뉴주얼운동New Jewel movement 내의 사소한 불화를 활용해 모리스 비숍이 한때는 동지였던 자들의 손에 처형되는 것을 지켜보았고, 뉴주얼운동의 성과를 모두 무위로 돌릴 목적으로 그레나다를 침공하기까지 했다.

높은 곳에서 이렇게 세계를 조망하면 방글라데시(1975), 차드(1975, 1978), 파키스탄(1977), 이라크(1978), 한국(1979), 터키(1980)로 이어지는 일련의 쿠데타가 또한 눈에 들어온다. 이러한 쿠데타의 이면에는 터키에서 한국을 아우르는 아시아 전체 지역의 정세가 숨겨져 있다. 이들 쿠데타의 내적 맥락을 보면, 터키의 경우 이스탄불의 세속 부르주아와 케말주의[7]를 따르는 군부가 아나톨리아의 이슬람 프티부르주아 및 여러 종교 단체와 맞서는 과정에서 쿠데타가 발생했다. 1961년 한국의 첫 쿠데타는 냉전에서 한국을 동맹으로 남기려는 미국의 요구와 노동을 탄압하고 노동자 계급을 극도로 착취해 경제를 성장시키려는 한국 자본가 계급의 이해가 맞물려 발생했다. 이렇듯 매우 국지적인 쿠데타의 배경에는 소련과 중국의 영향력이 아시아는 물론 유라시아까지 확대되는 것을 둘러싼 미국 제국주의자들의 우려가 있었다. 이 맥락에서 1972년

---

7 정치와 종교를 분리하고 정치, 경제, 문화적 자체 개혁(서구화)을 해야 한다는 노선을 말한다.

미중 관계가 새로운 전기를 맞이했고, 그로 인해 아시아에서 단일한 공산주의 전선을 형성하려는 시도가 크게 약화되었다는 점을 이해해야 한다.

1980년 1월 2일, 지미 카터 행정부의 국가안보보좌관 즈비그뉴 브레진스키는 카터 대통령에게 소련군의 아프가니스탄 침공과 관련된 내용을 담은 메모를 보고했다. 요지는 "소련이 아주 비싼 대가를 치르게 해서 해당 지역에서의 영향력을 강화하지 못하도록 해야" 한다는 것이었다. 이 같은 결과를 내기 위해서는 미국이 "페르시아만 지역에서 안보 체계를 구축"해야 했다. 브레진스키는 카터에게 "이 계기를 전환점으로 삼아야만 한다."고 말했다. 이미 1978년 4월에 일어난 아프가니스탄의 4월 혁명Saur Revolution으로 이 지역 내 미국의 통제력이 흔들리기 시작했다. 4월 혁명은 소련의 개입이 거의 없이 자체적으로 일어난 일이었지만, 미국은 소련의 영향력이 확대된 것으로 이해했다. 브레진스키는 이미 파키스탄 군사정권(1977년 미국이 전폭 지원한 쿠데타로 집권)을 통해 극우 무자헤딘에게 자금 및 무기를 제공하며 미국의 아프가니스탄 개입을 추진했다. 사실 브레진스키는 더 많은 것을 원했다. 그가 추진한 계획의 네 가지 요소는 결과적으로 모두 채택되었다.

1. 파키스탄에 직접 대규모 군사 지원을 할 것. 1977년 9월, 지아울하크 장군이 집권했을 때, 그는 미국 대사 아서 험멜과 통화하며 자신이 한 일을 알려주었다. 미국은 이미 지아울하

크를 알고 있었고, 그를 전폭 지원했다. 소련이 아프가니스탄을 침공하자, 지아울하크는 기도용 매트를 꺼내 신에게 감사 기도를 드렸다. 이제부터 미국의 자금이 파키스탄으로 흘러 들어올 것이기 때문이었다. 그리고 1980년대에 벌어진 더러운 전쟁에서 온두라스의 기능이 그랬듯, 파키스탄은 이 지역에서 미국의 정책 수행을 위한 유용한 군사기지로 기능하게 되었다.

2. 역내 군사기지와 새로운 단일 군사 체계를 신속하게 확보할 것. 1979년 이란 혁명을 계기로 미군은 신속전개합동기동부대US Rapid Deployment Joint Task Force를 창설했다. 이는 페르시아만(주로 사우디 아라비아)을 상대로 하는 모든 위협을 미국을 겨냥한 위협으로 간주한다는 카터 독트린(1980)[8] 중에서도 군사적 요소에 해당했다. 이 부대는 페르시아만에 가해지는 모든 공격을 방어하게 되었고, 1983년에는 미군 중부사령부로 재편되었다.

3. 남예멘과 에리트레아, 이란과 아프가니스탄에서 비밀 작전을 수행할 것. CIA와 미군 정보기관은 예멘인민민주주의공화국에서 작전을 실시하기 시작했다. 마르크스주의민족해

---

8 1980년 1월 미국 대통령 지미 카터가 발표한 것으로, 미국의 이익에 필요하다면 페르시아만에서 군사력을 사용할 것이라는 내용을 담고 있다. 독트린의 내용은 당시 이슬람 혁명으로 반미 국가가 된 이란을 봉쇄하는 것이 핵심이었고, 이란으로 대표되는 반미 세력을 봉쇄하고 타도하기 위해 군사력을 사용하기도 했다.

방전선이 1969년부터 집권하면서 (토지개혁 및 여성 인권 신장 등) 민중의 삶을 급격하게 개선했기 때문에, 이 정부를 무너뜨려야 했다. 마르크스주의 단체이자 대중적 지지를 받던 에리트레아인민해방전선은 1970년에 에티오피아로부터 독립 투쟁을 하는 과정에서 주도권을 쥐게 되었다. 미국은 이 구도를 붕괴시키고 아프리카의 뿔 지역에 사회주의 공화국이 들어서는 것을 막기 위한 작전을 펼쳤다. 미국은 이란에서 작전을 지속함은 물론, 아프가니스탄을 상대로는 4월 혁명 초기부터 비밀 작전을 펼쳤다. 카불 대학교 여학생들의 얼굴에 산을 투척한 근본주의자 굴부딘 헤크마티아르 같은 사람들이 사이클론 작전(아프가니스탄 정부에 맞서는 신의 투사인 무자헤딘에게 자금 및 무기 지원을 하는 CIA 프로그램)을 통해 CIA 자금을 받는 주요 수혜자가 되었다. 이 프로그램은 혼란을 조장해 아프가니스탄 정부가 소련에 도움을 구하도록 만들었다. 브레진스키는 나중에 "우리는 러시아가 개입하도록 압박하지는 않았지만, 그럴 가능성을 고의적으로 높였다."라고 말했다. 이 지역의 CIA 작전본부 국장 척 코간은 세월이 한참 흐른 후, 필자와 하버드 대학교 근처 식당에서 만나서 "우리는 이란 혁명이나 소련의 침공이 있기 한참 전부터 인간 말종들에게 자금을 지원했다."고 말했다.

4. 이란과 파키스탄 일에 도움을 받는 대가로 터키에 원조 패키지를 제공할 것(서독 및 기타 가능한 유럽 동맹국이 거의 전

적으로 자금 제공). 강력한 노동자 계급 운동이 1970년대 터키를 휩쓸면서, 터키가 아시아의 혁명 대열에 합류할 위험이 커졌다. 미국은 혁명의 가능성을 원천 차단하기 위해서 무엇이든 하려 했다. 미국은 터키가 북키프로스를 점령하자 그동안 시행했던 무기 수출입 금지 조치를 1979년에 해제했고, 1980년 3월에는 터키와 경제 및 방위 조약을 맺었다. 터키 내 16개 NATO 기지와 50만 터키군이 걸린 일이었고, 이들을 보호해야 했기 때문이다. IMF 긴축 조치가 터키 국내 문제를 심화시켰기 때문에, 미국은 세계은행과 어빙트러스트사에 파산 위기의 터키에게 차관을 제공하라고 권고했다. 미국 육군 장성 버나드 로저스NATO 사령관이 1980년 10월에만 앙카라를 네 번 방문했고, 데이비드 존스 미군 합참의장도 11월에 앙카라를 찾았다. 터키 공군 소속 타신 사힌카야 장군은 자국의 혼란 해결을 위한 행동 개시 허락을 받는다는 명분으로 워싱턴을 방문했다. 터키군은 워싱턴으로부터 1980년 9월 12일 쿠데타를 허락받았다(CIA 문건에는 미군이 "군사정권이 들어서는 것을 사전에 고지 받았다."고 모호하게 서술되어 있다). 쿠데타로 케난 에브렌 장군이 집권하게 되었고, 부총리로는 투르구트 외잘이 임명되었다. 그는 IMF 조치를 유지했고, 노동자 계급의 봉기를 분쇄하기 위해 군대를 파병했으며, 앤빌 익스프레스Anvil Express라는 NATO-터키 합동 군사훈련을 서둘러 진행해 NATO가 쿠데타를 지원하고 있음을 보여주었다. 터키 국가정보부MIT, CIA, 파시스트 성향의 민족주의자운동당Milliyetçi Hareket Partisi, MHP은 1978년에 공산주의자 섬멸 과정을 같이하며 이미 관계를 맺었고, 쿠데타 이후에도 수개월간 더욱 악랄하게 공산주의자 탄압에 나섰다. 터키는 혁명의 물결이 퍼지는 것을 막기 위해 미국 제국주의의 꼭두각시 군대가 될 준비를 마쳤다. 브레진스키는 군부를 수반으로 하는 행운을 누린 "터키는 아르헨티나와는 다르다."고 외잘에게 말했다. 터키는 미국의 노선을 전적으로 견인할 수 있을 것이라는 신임을 얻었다.

브레진스키는 이상의 네 가지 요점 가운데서 한국을 언급하지 않았다. 그러나 1980년 11월에 한국을 방문한 브레진스키는 한미 관계를 "유럽과 페르시아만 지역의 상황을 감안해서 봐야" 한다고 말했다. 그는 대통령 비서실장 김경원에게 "아프가니스탄과 이란은 더 이상 중동의 완충 국가가 아니"라고 말했다. 1961년부터 1979년 10월 박정희가 자신의 수하였던 중앙정보부장에게 암살당할 때까지 유지되었던 군사정권은 점점 '고립'되어 가고 있었고, 이미 노동자 계급과 학생들의 투쟁으로 광범위한 혁명이 발생할 수도 있었다. 김경원은 바로 이 점을 브레진스키에게 말했다. 이러한 혁명의 가능성은 전두환 장군을 주축으로 하는 젊은 장교들이 일으킨 군사 쿠데타로 해결되었다. 쿠데타 후, 전두환은 대통령이 되었다. 1948년에 제정된 국가보안법에 기반하고, 경찰과 국내 공안으로 제도화된 전두환의 광적인 반공주의는 활동가 수백 명의 체포와 고문으로 이어졌다. 김경원은 이런 덕분으로 한국이 "제2의 이란"이 되지 않은 것이라고 말했다.

여기서 눈여겨봐야 할 것은 브레진스키가 김경원에게 이런 이야기를 한 것이 1980년 11월이라는 점이다. 1980년 5월, 광주에서는 전두환 독재에 대항하는 민중 봉기가 일어났다. 전두환은 5월 18일 군대를 보내 시민에게 총을 발포, 수백에서 수천 명을 살해했다. 전두환은 북한이 선동한 공산주의 쿠데타를 막기 위한 것이라고 하며 자신의 행동을 변호했다. 그러나 5월 23일, 리처드 레만 국가정보위원회 위원장은 CIA 본부에서 열린 회의에서 "북한 내 불온한 움직임의 징후가 보이지 않는다."고 확언했다. 즉, 북한이 광주에서 일어난 봉기의 배후가 아니라는 것이었다. 주한 미국 대사 윌리엄 글라이스틴은 5월에 워싱턴으로 보낸 서한에서 광주 민주항쟁이 "최소" 15만 명이 참여한 "내부 위협"이라고 썼다. 그러나 그 어떠한 말도 워싱턴에게는 소 귀에 경 읽기였다. 5월 30일에 열린 백악관 회의는 "최우선 사항은 한국이 필요한 최소한의 무력을 활용해 향후 더 광범위한 사회불안을 일으킬 씨앗을 심지 않고도 광주의 질서를 회복하는 것"이라고 결론 내렸다. 미국 정부는 절제를 권고하기는 했지만, "질서 회복을 위해 필요시 한국이 무력을 사용할 가능성도 배제하지 않았다." 더 분명하게 이야기하면, 미국은 전두환 정부에게 무력을 사용할 수 있게 허가를 내주었다.

1997년, 전두환 전 대통령은 광주에서의 학살로 사형을 선고받았다(후에 감형됨). 이때 미국이 청신호를 보냈다는 근거가 매우 철저히 조사되어야 했지만, 미국은 재판정에 서지 않았다(2018년에서야 한국군이 광주 학살에 미국이 제공한 헬기 MD-500 디펜더와 UH-1 이로쿼이를 이용했다는 것이 밝혀졌고, 한국을 상대로 한 무기 판매는 1980년 이후로도 기세가 꺾일 줄을 몰랐다). 미국은 한국에서 일어난 탄압에 그 어떠한 문제의식도 갖지 않았다. 한국군이 치명적인 무력을 휘두르는 것이 "제2의 이란"을 용납하는 것보다 훨씬 나았고, 한국을 미국 제국주의의 야망을 위한 전진 기지로 두는 것이 더욱 이득이었기 때문이다.

"이불이 너무 짧다."

소련이 지원한 제3세계 프로젝트는 1973-1974년에 신국제경제질서NIEO를 의제화했다. NIEO는 무역과 개발 질서의 전면적 변화를 주장하면서 국제 무대에서 경제민족주의를 원칙으로 잡아나갔다. 미국과 그 동맹국은 NIEO의 위험성을 인지하고 이것이 더 발전하지 못하도록 많은 방법을 강구했다. 1974년 NIEO를 인정한 UN 총회를 무력화시킨 것도 그러한 방법 중 하나였다. NIEO 반대 논리는 사실에 근거한 것이 아니라 주로 정치적인 것이었다. 서구 진영은 전력을 다해 다자기구가 제3세계에 감염되지 않도록 하면서, 외부 자금 지원에 의존하는 국가를 압박해 NIEO 프로그램을 거부하도록 했다. 바로 이 시기에 미국과 그 동맹국은 IMF를 비롯한 다양한 민간 및 공공 대출 기관에 압력을 가해 단기 유동성 문제를 해결하기 위한 것을 포함한 모든 종류의 대출을 국내 경제 구조조정과 연계하도록 했다.

기관이 창립된 때부터 CIA라는 세 글자가 1970년대까지 미국 제국주의를 대표했다면, 1970년 이후부터는 IMF라는 세 글자가 미국의 이해와 깊게 관련되었다. IMF의 매뉴얼은 〈암살 연구〉 같은 제목을 달고 나오지는 않았지만, IMF가 생산하는 정책만큼은 자신만의 방식으로 쿠데타를 일으키며 CIA 매뉴얼만큼이나 유해한 영향을 미쳤다. IMF 쿠데타의 경우 군대를 동원할 필요가 없었다. IMF 팀이 어느 나라 수도에 가서 통화 가치와 예산 삭감 등 몇 가지 핵심 요구를 하면서, 해당 국가의 금융 권력을 굴복시키면 끝이었다. 금융 쿠데타의 본성이 잘 드러난 두 가지 공격이 자이르(현 콩고)와 페루에서 자행되었다. 1976년부터 1978년 사이에 IMF 관료들은 자이르 정부에 통화 가치를 42퍼센트 평가절하할 것을 요구했다. 그 결과 소비자 물가가 다섯 배 뛰었고, 실질 소비 지출이 3분의 1로 줄었다. IMF 관료들은 우선 재무부와 중앙은행을 장악했다. 1977년, IMF는 시티은행 주도의 컨소시엄이 프란시스코 모랄레스 베르무데스 세루티와 그의 군부가 이끄는 독재 정권에게 보내는 제안서를 들고 페루 리마에 갔다. 컨소시엄은 페루의 천연자원을 팔아 주고 페루가 보유하던 상당한 양의 부채를 해결해 주겠다고 제안했다. 결국 수십억 달러가 국외로 유출되었다. 정부가 통제 불능 상태에 빠졌음을 의미하는 단어 'desgobierno'가 페루의 상황을 설명하기 위해 만들어졌다. 이 단어는 비동맹운동 회원국과 IMF 쿠데타에 직면했던 다른 국가에서도 사용되었다. 멕시코의 호세 로페즈 포르티요 정부(1976-1982)도 IMF와 비슷한 협약을 맺었다. 그로 인해 정부는 통제 불능 상태에 빠졌고, 전투경찰이 투입되었으며, 결국 1982년 멕시코는 파산하고 말았다. 미국은 손에 물 한 방울 묻히지 않았다. IMF가 모든 일을 진행했기 때문이다.

IMF가 흔들리면 CIA가 나서서 중심을 잡아 주었다. 1985년에 작성된 〈주요 채무국: IMF의 문제Major Debtors: Problems with the IMF〉라는 제하의 CIA 노트에 주목해야 한다. CIA는 이 노트에서 IMF의 경제학자들이 현재의 멕시코 금융 위기에 지나치게 관대한 태도로 임하고 있다고 지적했다. 멕시코 대통령 미겔 데 라 마드리드는 IMF의 제안을 수용해 예산을 대폭 삭감했지만, 이러한 긴축 정책이 국민을 소외시킬 것을 걱정했다. CIA는 그가 "연방 지출을 더욱 삭감하고 임금 수준을 유지해야 한다는 정부 내부 의견에 저항하고 있다."고 썼다. 또한 멕시코가 IMF의 제안을 따르지 않을 시 "미국의 이해에 가장 즉각적인 문제"로 작용할 것이라고 했다. 멕시코 하나만이 아니라 전체 지역의 문제가 걸려 있었다. IMF가 멕시코에 재량을 허용하면 "브라질 및 아르헨티나와 유의미한 개혁에 관한 협상이 어려워질 것"이기 때문이었다.

CIA는 마드리드 대통령에 관한 평가를 제출하는 시점에 사회주의 지도자이자 신임 페루 대통령이 된 알란 가르시아에 관한 전문 또한 작성했다. CIA는 가르시아가 이미 니카라과 혁명에 호의적인 발언을 한 적이 있고, 소련과 쿠바와 밀접한 관계를 맺고 있는 것으로 보인다고 썼다. IMF 정책이 가혹한 긴축으로 이어진 페루에서는 가르시아의 반IMF 발언을 필요로 했다. 그는 IMF에 맞서 강한 어조로 연설했으며, 라틴 아메리카 지도자들을 페루로 초청해 IMF의 상환 조건 완화를 요구하는 리마 선언을 이끌어 냈다. 이 같은 지역적 연대가 문제였다. 미국 정부는 민간 금융기관에 압력을 가해 페루의 대출을 중지시켰다. 연간 1만 3천 퍼센트에 달하는 믿기지 않을 수준의 하이퍼 인플레이션이 일어났다. 결국 가르시아는 기반을 상실하고, 야유를 받으며 대통령 임기를 마쳤다. 그의 뒤를 이어 알베르토 후지모리가 대통령이 되었다. 후지모리는 CIA와 미국 정부의 지지를 받을 정도로 IMF의 노선을 매우 충실히 따랐다. 그의 태도는 후지 쇼크라고도 불렸다. 후지모리는 IMF의 존 윌리엄슨이 1989년에 개발한 '워싱턴 컨센서스'에 따른 처방을 통째로 받아들였다. 이러한 처방에는 재정 정책 통제(긴축), 조세제도 개혁, 민영화, 규제 완화 등이 있었는데, 이 리스트는 후에 자유화 또는 신자유주의 정책 패키지로 불리며 앞으로 일어날 IMF 쿠데타의 정석이 되었다.

1983년 4월에 나온 〈IMF 주도 긴축: 악성 채무국에 미칠 영향 IMF-led Austerity: Implications for Troubled Borrowers〉이라는 중요한 문서에서

CIA는 IMF 정책이 필요하기는 하나 "정치적 불안정"을 자아낼 수도 있다고 지적했다. 또한 "긴축을 향한 광범위한 분노와 좌절감이 주기적 파업, 노동자 시위, 심지어는 식량 봉기까지도 일으킬 수 있다."고 적었다. 볼리비아부터 잠비아에 이르는 국가에서 벌어진 노동자 파업은 통제 불능이 될 정도였다. CIA 분석관들은 "우리가 보기에 채무국에서 긴축에 정치적으로 저항하는 것은 시간이 지나면서 더 강화될 것이고 조직적으로 변할 것이다. 조정 과정이 부당하거나 너무 가혹하다고 인식될 경우 강력한 야당 정치 세력이 나타날 것이라 생각한다. 그러나 현 시점에서 주요 채무국에서 전면적인 혁명이나 노골적인 부채 상환 거부가 나타날 것이라 볼 수는 없다."고 썼다.

2년 후인 1985년, 쿠바 정부는 채무국의 불만을 전면적인 부채 상환 거부 운동으로 조직하려 했다. 쿠바는 그해 아바나부채회의Havana Debt Conference를 개최했다. 이 회의는 미국이 1898년부터 점유하고 있는 관타나모 해군 기지 인근에서 열렸다. 소설가 가브리엘 가르시아 마르케스도 이 회의에 참석했는데, 그는 카스트로처럼 자리에 앉아 필기를 했다. 어떤 기자가 IMF 정책과 워싱턴 컨센서스에 관한 의견을 물었을 때, 가르시아 마르케스는 자신이 금융 전문가가 아님을 고백하며 "그러나 나 같은 사람도 너무 짧은 이불을 머리 끝까지 덮으려고 하면 발이 삐져나온다는 사실 정도는 알고 있습니다."라고 말했다.

그 빚이란 바로 우리의 피

청년 장교 토마 상카라 대위가 집권했을 때, 그는 국명을 오트 볼타(볼타 강 상류라는 뜻)에서 고결한 사람들의 땅이라는 의미의 부르키나파소로 변경했다. 이 일은 1983년, IMF로 인한 부채 위기가 심화된 가운데 일어났다. 그는 1987년 7월에 열린 아프리카단결기구Organization of African Unity 정상회담에서 "부채의 기원은 식민주의의 기원으로까지 거슬러 올라갑니다."라고 말했다. 이 정상회담의 목적은 아프리카 국가들의 단일한 부채 상환 거부 전선을 형성하는 것이었다. 상카라는 "우리는 이 부채에 책임이 없기에 부채를 상환할 수 없습니다."라고 말했다. 그러면서 "오히려 다른 나라들이야말로 돈으로도 갚을 수 없는 것을 우리에게 빚졌습니다. 그 빚이란 바로 우리의 피입니다."라고 했다.

절망의 시기, 부채가 아프리카와 아시아 및 라틴 아메리카 국가를 할퀴었을 때, 상카라는 희망을 몰고 왔고, 자신감을 가지라고 이야기했다. 인간의 존엄은 사라질 수 없기에, 두 발로 일어서서 자신의 눈으로 세상을 바라보라고 말했던 상카라의 메시지는 매우 강력했다. 또한 1985년, 연설을 통해 자신감을 가지고 행동에 나설 필요를 역설했다.

어느 정도 미치지 않고서는 근본적인 변화를 가져올 수 없습니다. 여기서 미친다는 것은 불복종에서 나옵니다. 기존의 공식에서 등을 돌릴 용기, 미래를 창조할 용기인 것이죠. 우리가 오늘날 지극히 명쾌하게 행동하려면 과거의 미치광이가 필요합니다. 나는 그러한 미치광이가 되고자 합니다. 우리는 용기를 갖고 미래를 만들어 가야 합니다.

제국주의가 이를 가만히 두고 볼 리가 없었다. 상카라 제거 계획이 신속하고 맹렬하게 진행되었다.

프랑스 정부가 자신들의 행동에 관한 기록을 아직까지 공개하고 있지 않지만, 부르키나파소의 수도 와가두구에서는 여전히 프랑스와 CIA의 개입으로 상카라의 노력이 좌절되었다는 설이 떠돌고 있다. 2009년에 이탈리아 기자 실베스트로 몬타나로가 라이베리아 상원의원이자 군벌이었던 프린스 존슨을 인터뷰한 녹취록에 따르면 "이 남자(상카라)를 제거하려는 국제적 음모가 있었다."고 한다. 전 라이베리아 국영 석유 기업 수장이었던 시릴 알렌은 "상카라는 너무 왼쪽으로 치우쳤다. 미국은 그런 상카라가 마음에 들지 않았다. 그는 자국민을 위해 자국의 자원을 국유화해야 한다고 말했다. 그는 사회주의자였기에 제거 대상이었다."라고 몬타나로에게 말했다. 라이베리아 군벌 찰스 테일러의 보좌관 모모 지바 장군은 테일러가 라이베리아 내전을 개시하는 일에 부르키나파소를 활용하려고 상카라에게 접근했다고 말했다. 이때 상카라는 모모에게 그런 일에는 관심이 없다고 했다. 이후 테일러는 "파리에서 온 백인"과 함께 모리타니아에서 상카라 정부의 국방부 장관 블레즈 콩파오레를 만났다. 그리고 리비아에서 또 미팅을 가진 그들은 상카라를 죽이기로 결정했다. 시릴 알렌은 "미국과 프랑스가 계획을 승인했다. CIA 요원, 부르키나파소의 미국 대사관과 프랑스 대사관 주재 정보기관이 긴밀히 협조했고, 그들이 중요한 결정을 내렸다."라고 말했다. 모모와 존슨도 음모에 가담했다.

1987년 10월 15일 총탄에 쓰러지기 전, 상카라는 "그 어떠한 모순이나 반대가 가로막더라도 자신감이 있는 한 우리는 해답을 발견할 것이다."라고 썼다. 하지만 상카라가 암살당하면서 그러한 자신감은 흔들렸고, 부채 위기는 희망을 쓸어 버렸다. 거기에 소련이 서서히 저물어 가면서 민족해방의 기나긴 사이클도 점차 끝나고 말았다.

모든 카메라는 다음 전쟁터로 떠났다

매번 전쟁이 끝나면
누군가는 치워야 한다.
이 난장판이
저절로 치워지지는 않으니.

누군가는 파편을
길가로 치워야 한다.
시체로 가득한 트럭이
지나갈 수 있게.

누군가는 허우적거리며
쓰레기와 잿더미,
소파 스프링,
깨진 유리,
피투성이 넝마를 헤치고 가야 한다.
누군가는 대들보를 가져와
벽을 받치고,
누군가는 창문에 유리를 끼우고,
문을 다시 달아야 한다.
그럴듯한 그림이 되려면

수년의 시간이 걸리니.

모든 카메라는

또 다른 전쟁터로 떠났다.

우리는 다리를 다시 짓고,

새 기차역도 지어야 한다.

자꾸 걷어올리느라

소매는 다 해지겠지.

빗자루를 든 누군가는

전에 어땠는지를 회상한다.

다른 이는 이를 듣고

다행히 아직까지 붙어 있는 머리를 끄덕인다.

그러나 이미 근처의 누군가는

지루하다고 생각하며

잡생각을 하기 시작한다.

아직도 덤불 사이에서

이따금씩 누군가가

녹슨 논쟁거리를 발견하고

쓰레기더미로 가져간다.

여기서 어떤 일이 있었는지

아는 사람은

더 적게 아는 이에게

길을 터 주어야 한다.

더 적게 아는 이는 아주 조금 아는 이에게.

그리고 마침내 거의 모르는 이에게.

원인과 결과를 뒤덮고

무성히 자란 풀숲에서

누군가는 드러누워

풀잎을 입에 물고

구름을 물끄러미 바라보리라.

_ 비스와바 쉼보르스카, 《끝과 시작》 수록.

3부

"전략의 초점을 바꾸어야 한다."

소련의 불빛이 사그라지고, 제3세계 프로젝트가 제국주의발 자유주의에 무릎을 꿇으면서, 내정 간섭의 새 시대가 열렸다. 이전 시대가 서구 정보기관의 지원을 받은 살인청부업자, 암살자, 모략가들이 조장한 쿠데타, 개입, 침략으로 점철되었다면, 소련이 붕괴하고 제3세계가 굴복한 지금부터는, UN에서의 방패가 사라지면서 서구의 개입이 쓰나미처럼 밀려왔다.

미국이 세계 최강의 군사 대국으로 군림하리라는 점은 이미 1989년이 되기 수십 년 전부터 자명했다. 1989년 미국의 파나마 침공은 탈냉전 시대의 새로운 전쟁을 시험해 보는 무대였다. 미국은 CIA의 충실한 하수인이자 오랜 우방 마누엘 노리에가에게 모든 책임을 뒤집어씌웠다. 언론이 그의 수많은 악행을 뒷받침하는 증거를 늘어놓으면서, 이제 노리에가는 지구상 최악의 악당이 되었다. 이렇게 이데올로기 영역에서 준비를 마친 미국은 공중 폭격을 가하는 것을 시작으로 대규모 침공을 감행해 노리에가라는 새로운 적과 그 휘하의 기강이 해이해진 보안군을 제압했다. 처음부터 끝까지 텔레비전으로 중계된 이 전쟁은 미국에 대적하지 말라는 시각적인 경고임과 동시에 미국의 동맹 세력에게는 미국 군사력의 위대함을 보여주는 세리머니였다. 현지에 상륙한 특수부대는 노리에가를 붙잡아 미국 법정에 세우고 감옥으로 보냈다. UN 총회는 미국의 침공을 "파렴치한 국제법 위반"이라며 비난했다. UN 안보리는 침공에 반대하는 결의안을 서둘러 추진했지만 프랑스, 영국, 미국이 제대로 된 근거 없이 거부권을 행사하는 것으로 이 시도는 끝나고 말았다. 이 같은 극단적인 무력 사용을 부끄러워하는 모습은 그 어디에서도 찾아볼 수 없었다.

1990년 8월 2일, 이라크군이 쿠웨이트를 침공했다. 이 전쟁은 석유 분쟁에 대한 보복이기도 했지만, 사담 후세인이 걸프 국가들로부터 이란-이라크 전쟁의 빚을 받으려고 했던 것이기도 했다. 미국은 카터 독트린에 따라 쿠웨이트 국경에 인접한 사우디 아라비아를 보호할 의무가 있었다. 미국 대통령 조지 H. W. 부시는 사우디 아라비아 국왕에게 이라크 군대가 사우디 아라비아 국경에 있는 것처럼 조작된 위성사진을 보여주었다. 겁에 질린 사우디 아라비아는 아라비아반도와 걸프 수역에 미국의 모든 전쟁 무기가 배치될 수 있도록 했다. 미국의 엄청난 압박을 받은 UN은 결의안 661호(1990년 8월)를 통과시켰고, 이는 이후에 펼쳐지게 될 제재 체제의 기틀이 되었다. 이 결의안으로 UN은 미국이 1990년부터 2003년 이라크를 침공할 때까지 이라크 민중을 상대로 중세 시대와 같은 공성전을 벌일 수 있게 했다. 미국은 "회원국"이 무력 행동을 포함한 "모든 필요한 수단"을 사용할 수 있도록 하는 UN 헌장 7장에 따라 결의안 678호(1990년 11월)를 채택하도록 UN 안보리 성원을 압박했다. 미국의 이라크 초토화를 승인하는 UN 결의안에 반대한 나라는 쿠바와 예멘 두 곳뿐이었다. 1991년 3월 걸프전이 마무리되자, UN은 마르티 아티사리 UN 사무차장이 이끄는 팀을 이라크에 파견했다. 조사 결과, 미국의 폭격으로 이라크는 "산업화 이전"으로 후퇴했으며 "종말에 준하는" 상태가 되었다. 제대로 된 식량이나 비축 물자가 없던 이라크에는 "대참사가 임박"한 상태였고, "생계 지원 요구가 대규모로 빠르게 해소되지 않으면 전염병과 기근"에 직면할 가능성이 있었다. 그러나 이를 보고도 아무도 행동에 나서지 않았다. UN의 제재는 매우 엄격하게 적용되었고, 이라크 국민은 문명의 파괴로 괴로워하게 되었다.

1996년, 미국 국무부 장관 매들린 올브라이트는 미국 시사 프로그램 〈60분〉에 출연했다. 그가 출연하기 전, UN 식량농업기구 FAO는 미국이 주도한 UN의 제재가 이라크에 미치는 영향에 관한 보고서를 발표했다. 보고서에 따르면 5세 이하의 이라크 아동 56만 7천 명이 제재 때문에 사망했다. 〈60분〉의 진행자 레슬리 스탈은 올브라이트에게 "50만 명에 달하는 아이들이 사망했다고 합니다. 히로시마에서 사망한 아동의 수보다도 훨씬 많아요. 그만한 대가를 치를 만했다고 생각하십니까?"라고 물었다. 〈60분〉 측이나 올브라이트 모두 UN 보고서나 이라크가 입은 피해에 이의를 제기하지 않았다. 올브라이트는 기다렸다는 듯 "매우 어려운 선택이었지만, 우리는 그만한 가치가 있는 선택이었다고 생각합니다."라고 답했다. 그랬다. 이라크를 완전히 파괴한 것은 그럴 만한 가치가 있었다. 그 대가로 그들은 무엇을 얻었을까? 바로 자신들의 패권이었다.

1991년 2월 24일, 사담 후세인과 최측근 인사들은 대통령궁에서 곧 다가올 학살을 걱정하고 있었다. 지난 한 달 동안 미군은 이라크군 진지에 폭격을 가했고, 2월 24일에는 쿠웨이트에 입성했다. 후세인은 걸프 지역에서 미군의 세력이 확장되는데도 어째서 소련이 제동을 걸지 않는지 의문을 가졌다. 당시 소련은 이미 붕괴의 길을 걷고 있었고, 그해 말 결국 붕괴하고 만다. 그런 상황이었지만, 2월 시점에서 이라크 수뇌부는 모스크바의 침묵을 궁금해 할 수밖에 없었다. 사담 후세인의 문화부 장관이었던 하미드 함마디는 문제의 핵심을 명확하게 짚었다. 함마디는 미국이 걱정하는 것이 이라크의 쿠웨이트 침공이 아니라고 했다. 쿠웨이트는 실질적인 이슈가 되지 않는다는 것이다. 주 이라크 미국 대사 에이프릴 글래스피는 휴가를 떠나기 직전에 이미 후세인의 쿠웨이트 침공을 사실상 승인했다. 또한 미국이 이미 이란과의 전쟁에서 전력을 많이 상실한 이라크의 군사력을 걱정한 것도 아니었다. 사우디 아라비아는 후세인의 쿠웨이트 침공이 국경에서 멈출 것임을 알고 있었다. 후세인이 사우디 아라비아의 영토에 대해서는 소유권을 주장하지 않았기 때문이다. 그렇기에 함마디는 다른 음모가 진행 중임을 지적하며 측근들에게 "이 모든 일은 이라크를 파괴하는 것뿐만 아니라 소련의 역할을 없애 버리고 미국이 모든 인류의 운명을 좌우할 수 있도록 하려는 것"이라고 말했다.

함마디의 평가는 미국 정부 내 분석가들의 평가와 유사했다. 미국 국방부의 정책 그룹(일명 B팀)은 1990년 국방기획지침을 작성했다. 후에 부통령이 되는 딕 체니가 이끌던 이 팀은 다음과 같이 적었다. "우리의 1차적 목표는…"

구 소련 영토나 그 외 지역에서 소련과 비슷한 종류의 위협을 가하는 새로운 라이벌이 재등장하는 것을 막는 것이다. 이것이 가장 중요한 고려 사항이다. 우리는 통합적 관리가 이루어질 시 세계 열강을 탄생시킬 정도의 자원을 가진 지역이 적대적 세력에게 장악되지 않도록 모든 노력을 경주해야 한다. 우리는 향후 세계에서 잠재적인 경쟁자가 나타나는 것을 불가능하게 만드는 것으로 전략의 초점을 바꾸어야 한다.

미군의 폭탄이 대통령궁 주위로 떨어지는 와중에 함마디가 후세인에게 지적한 것이 바로 이 점이었다. 이는 새로운미국의세기를위한프로젝트PNAC가 걸프전 10년 후에 작성한 〈미국 국방 체제의 재구성〉에서 "미국의 평화가 유지 및 확대되어야 한다."며, 미국 제국주의의 다른 이름인 팍스 아메리카나가 "그 누구도 대적하지 못할 미국의 군사적 우위를 굳건한 토대로 삼아야만 한다."고 서술한 것과도 통한다. 조지 W. 부시 정부가 2002년에 내놓은 〈미국 국가안보 전략보고서〉에서도 "잠재적인 적이 미국과 어깨를 나란히 하거나 우리를 뛰어넘으려는 희망을 가지고 군사력을 증강하지 못할 정도로, 우리 군은 강력해야 한다."며 이 논리를 반복했다.

그러나 **비대칭 전쟁**만으로는 늘 무언가 부족했다. 전투에서 승리하고 도시를 파괴할 수는 있지만, 진정한 의미의 전쟁에서 승리를 거두거나 사람들의 마음속으로 침투하지는 못했기 때문이다. 한 사회에서 '전방위 지배'를 실현하려면 비대칭 전쟁 그 이상, 즉 사보타주와 경제 봉쇄는 물론, 문화 및 언론 캠페인을 통해 진실을 가리는 **하이브리드 전쟁**이 필요했다. 재래식 수단과 정치, 사회 영역을 넘나드는 다양한 국가/비국가 주체를 활용하는 비재래식 수단을 결합한 것이 바로 하이브리드 전쟁이다. 하이브리드 전쟁의 일환 중 하나가 바로 이념 전쟁이다. 이런 식의 전쟁은 미국과 지배계급으로 구성된 동맹 세력이 적대국을 상대로 파괴 공작을 벌이고 경제를 봉쇄해 목을 조르고 난 다음, 해당 국가의 국민을 선동해 정부에 맞선 '색깔 혁명'을 일으키도록 한다. 그리고 그렇게 정권이 교체되면, 민중이 갖는 정치적 중요성은 공중으로 사라지고, 민중 스스로가 자신의 목소리에 귀 기울이는 새로운 정부를 수립할 수 없게 되고 만다. 그리고 민중의 정부 대신, 이전의 지배계급 인물들이나 미국의 각종 교육 프로그램을 받고 온 사람들로 새로운 정권이 구성된다.

"신흥 강대국은 국제적 국가 체제의
불안을 조장한다."

1991년, 미국 국무부 장관 제임스 베이커는 이전의 냉전 체제를 정의한 허브 앤 스포크 체제를 새로운 시기에도 유지해야 하지만, 동시에 다자기구를 포섭해 이를 더욱 확장해야 한다고 제안했다. 동아시아 문제에 초점을 맞췄던 것이다. 허브 앤 스포크 체제의 역사를 통해 "아시아-태평양경제협력체APEC 흐름이 형성되었다." 이러한 역사가 없었다면 초국적 자본 기업이 아시아 지역으로 원활하게 진입하는 수단인 APEC을 창설하지는 못했을 것이다. 이전 동아시아 허브 앤 스포크 체제에서 일본은 '중추' 역할을 했다. 새로운 체제에서는 일본, 한국, 동남아시아국가연합ASEAN, 호주가 이 체제를 "안정화하고 강화하는 바큇살"이 될 터였다. APEC과 ASEAN 같은 다자기구는 이전의 허브 앤 스포크 체제에서 가능했던 것보다 더 많은 정당성을 부여해 미국의 권력이 확장될 수 있게 만들어 주었다.

동아시아의 APEC이든 미주 대륙의 미주기구든, 다자지역기구는 IMF나 세계은행 등 이름뿐인 국제기구, 아시아개발은행ADB 같은 역내 금융기구와 함께 전 세계에서 미국의 의제를 견인했다. 이러한 아이디어가 저항에 부딪히면, 양자 혹은 다자 협상을 통해 수립된 군사동맹(NATO, ANZUS[1] 등)의 압박이 시작되었다.

---

1 태평양안전보장조약. 호주, 뉴질랜드, 미국 간의 군사 동맹이다.

제국주의는 군사기지 문제가 불거졌을 때 그 이빨을 드러냈다. 소련이 붕괴했을 때, 미국 정부는 군비의 일부를 사회 지출로 전환해야 하는 '평화 배당금'을 요구하는 자국민으로부터 일정한 압박을 받고 있었다. 그러나 미국 대통령 빌 클린턴은 미군의 규모나 미국의 전 세계적 영향력을 축소할 정치적 의사가 전혀 없었다. 미국 국방부 차관보 조지프 나이는 1995년 전략 문서 〈미국의 동아시아-태평양 지역 안보 전략〉을 작성했다. 이 문서로 인해 동아시아 내 미군 기지를 유지하겠다는 미국의 의지가 더욱 강화되었다. 여기에는 일본 오키나와 미군 기지(오키나와섬 5분의 1이 미군 기지이다.)를 효과적으로 점유하는 것과 필리핀 수빅만에 미군 기지를 부활하는 것이 포함되었다. 나이는 "신흥 강대국이 국제적 국가 체제의 불안을 조장하기" 때문에 미군 기지를 철수하거나 높은 국방비 지출을 줄일 수 없다고 했다. 그 어떠한 국가도 새로운 전 세계적 지배 체제, 즉 미국을 중심으로 하는 국제적 국가 체제에 도전해서는 안 된다. 1995년 나이는 "아시아뿐만 아니라 멀게는 페르시아만에서도 우리의 이해를 보호하기 위해 신속하게 대응할 수 있기" 때문에 미국이 특히 아시아 지역에 있는 군사기지를 모두 유지해야 한다고 썼다. 오키나와 기지는 그중에서도 특별한 "이 지역 전체 안보 전략의 중추"이다. 오키나와, 필리핀, 디에고가르시아섬 민중의 의사는 깡그리 무시되었다.

'군사 폭력에 맞선 오키나와 여성행동'을 이끄는 다카자토 스즈요는 오키나와를 "성매매에 내몰린 일본의 딸"이라고 불렀다.

참담한 묘사가 아닐 수 없다. 다카자토가 이끄는 단체는 1995년 오키나와 주둔 미군이 열두 살 여아를 성폭행한 것에 항의하는 시위를 계기로 만들어졌다. 오키나와 주민들은 지금까지 수십 년 동안 자신들이 사는 섬을 미군 휴양지로 만들어 접근하지 못하게 만든 것에 분통을 터뜨리고 있다. 사진작가 이시카와 마사오는 미군만이 출입하는 오키나와 여성 접객원이 있는 전용 바, 기타 위락시설의 사진을 찍었다(이시카와의 책 《붉은 꽃: 오키나와의 여성들 Red Flower: The Women of Okinawa》에는 1970년대부터 촬영한 사진이 수록되어 있다). 다카자토는 1972년 이래로 신고된 성폭행 건수만 120건 이상이지만, 이는 "빙산의 일각"이라고 말한다. 매년 폭력, 강간, 살인 등의 끔찍한 사건이 최소 한 번 이상 일어나 사람들의 양심을 자극한다. 사람들은 이러한 폭력의 원인이 미군 기지에 있다고 본다. 그렇기에 사람들은 미군 기지를 폐쇄하기를 바란다. 사건이 일어난 후에 정의를 외치는 것만으로는 부족하다. 그들은 이러한 사건이 일어나는 원인, 즉 미군 기지를 없애야 한다고 말한다. 다카자토 스즈요 같은 사람들은 안보 유지를 명목으로 만들어진 기지야말로 바로 오키나와 민중의 안보 불안의 원인이라는 명언을 남겼다.

신생 일본 민주당은 오키나와 이슈 덕에 2009년 8월 선거에서 압승을 거둘 수 있었다. 신임 하토야마 유키오 총리는 오키나와 미군 기지에 대해 매우 강경한 발언을 쏟아냈다. 신임 오카다 가쓰야 외무상은 일본이 "미국이 말하는 대로 따르는 것은 매우 한심한 일"이라고 말했다. 미국 국방부 장관 로버트 게이츠는 오키나와에 대한 하토야마의 입장을 좌시할 수 없다는 오바마 대통령의 명령을 수행했다. 2009년 10월에 방일한 게이츠는 환영 만찬을 거부하고, 하토야마가 자신의 정책 공약을 그대로 추진할 시 "심각한 결과"를 초래할 것이라고 말했다. 11월에 도쿄를 방문하기로 했던 오바마의 방일 일정이 싱가포르 APEC 회의를 가는 길에 24시간만 머물렀다 가는 것으로 조정되었다. 워싱턴에서는 끊임없이 압박을 가했다. 하토야마는 미국의 압박에 맞서기 위해 중국과 연합 전선을 펼치려 했다. 그러나 이는 그다지 도움이 되지 못했고, 미국 행정부의 분노에 기름을 붓기만 했다. 민주당은 미국의 압박에 흔들리기 시작했고, 결국 하토야마는 미국이 요구하는 것을 거의 모두 받아들일 수밖에 없었다. 그것으로 끝난 게 아니었다. 미국은 그 이상을 원했다. 하토야마는 2010년 4월 오바마와의 만찬에서 이제 미국이 하라는 대로 하겠다고 말했다. 이때 오바마의 반응은 일본 측에서 해당 대화를 비공개로 할 정도로 너무나도 날카로웠다. 하토야마는 미국에 무릎을 꿇었고, 미국이 원하는 합의안에 서명했으며, 그후 사임했다. 이것은 압박에 의한 쿠데타였다. 오키나와 기지는 183개국에 있는 883개 미군 기지 중 일부에 불과했다. 그러나 이러한 쿠데타로 미군은 영원히 일본에 주둔하게 되었다.

2012년, CIA는 기관 내 및 주요 정부 부처에 〈오키나와 군사기지 정치를 이해하기 위한 거대서사적 접근A Master Narratives Approach to

Understanding Base Politics in Okinawa)이라는 흥미로운 제하의 기밀문서를 회람했다. 이는 문화 연구 활동이었는데, 전 오키나와현 지사 오타 마사히데나 좌파 같은 사람들이 내세운 '피해자론'에 대항하는 문서였다. 다른 서사들, 예를 들어 '평화로운 사람들'이라든가 '아름다운 섬'이라는 식의 서사에서는 순수한 자연 상태의 오키나와가 미국의 손에 파괴된 것으로 묘사되고는 한다. 이러한 '서사'에 맞서기 위해 CIA는 오키나와가 "세계로 향하는 교두보"(교차로론)이며, "오키나와 미군 기지는 이 지역의 안보를 유지함으로서 역내 경제 및 문화 교류가 증진되도록 한다."는 점을 명확히 할 것을 미국 정부에 제안했다. 즉, 미군 기지가 시장경제를 한 축으로, 군사력을 다른 축으로 하는 세계화의 창구라는 것이다. 이러한 작업은 결코 오키나와 민중을 위한 것은 아니다. 미군 기지로 생기는 이득은 초국적 기업과 미군 기지를 활용해 '신흥 강대국'을 억제하며 체제를 유지하려는 제국주의를 위한 것일 뿐이다.

나라 전체를 쓸어 버리다

소련이 붕괴하고 얼마 지나지 않아 미국 정부는 미국 주도 체제에 반대하는 모든 정부를 '불량국가'로 낙인 찍을 수 있는 유리한 고지를 점령했다. 불량국가와 테러리즘 논리로 미국은 모든 자유주의와 인권 담론을 전유할 수 있게 되었다. 그러면서 서구는

당연하게 인권 및 자유주의의 중재자가 되고, 이 같은 광범위한 원칙을 지키지 않는 자는 불량국가나 테러리스트가 되었다. (FAO 보고서처럼) 어린이 50만여 명이 사망한 데 따르는 책임이 미국의 대이라크 제재에 있다고 나타난다면, 그것은 불량국가나 테러리스트가 벌인 짓이 아니라 그저 불행한 일로 치부되었다. 그러나 불량국가나 테러리스트가 수백 명, 또는 단 10명이라도 살해하게 되면, 그것은 인권 대참사가 되었다. 미국이 인권과 자유주의 논리를 독점하게 된 것은 압도적인 군사력 우위만큼이나 중요한 승리였다. 이제 자유주의와 인권의 이름으로 군사력을 활용해 미국이 '전방위 지배'라고 부르는 것을 손에 넣을 수 있게 되었다.

미국에 종속된 동맹국들도 각자의 수도에서 새로운 '허브 앤 스포크' 체제의 언어를 모방할 수 있는 이념적 우위를 점했다. 역내 강대국을 향한 국지적 위협은 모두 불량국가(인접국의 경우)나 테러리스트(내부 세력일 경우)로 치부되었다. 사실 여부를 분석하는 것은 불필요했다. 이 논리는 콜롬비아무장혁명군FARC, 스리랑카 타밀엘람해방호랑이, 터키 쿠르디스탄노동자당PKK, 인도 마오주의 세력이 자국 정부와 벌인 전쟁에서 빠르게 적용됐다. 국지적 위협을 타개하려는 모든 국가에게 가능한 모든 군사적 수단을 사용할 수 있는 허가가 주어진 셈이다. 일본의 재무장을 향한 욕망, 이스라엘의 팔레스타인 중상모략 등은 북한과 이란 등 미국이 불량국가라고 낙인 찍은 국가로부터 위협을 받는다는 주장으로 정당화되었다. 바큇살에 해당하는 국가들은 이 새로운 지리적 권력을 통해 큰 이득을 얻었고, 오래전부터 있던 적개심을 미국이 펼쳐 놓은 새로운 이야기에 맞게 재구성했다.

　2001년 9월 11일 본토를 공격당한 미국은 수일 내에 미국이 영구적으로 전 세계에서 '테러와의 전쟁'을 벌일 수 있는 법적 체제를 만들었다. 실은 이를 위한 물적 토대의 준비와 검증은 이미 1990년대에 끝났다. 이라크를 상대로 한 비대칭 및 하이브리드 전쟁, 유고슬라비아 폭격, 알카에다와의 전쟁 등을 통해서 말이다. 선제공격이 아닌, 공격을 예방하기 위해 전쟁을 벌이는 것이라는 명분으로 미국의 행위는 정당화되었다. 이것은 먼 미래일지라도 미국을 적대시할 것이라고 확실시되는 모두를 상대로 미국이 전쟁을 할 수 있음을 의미했다. 조지 W. 부시 대통령은 2004년 연두교서에서 미국이 안보 문제에서는 '허가'를 구하지 않을 것이라 말했다. 이 말에서 UN을 미국의 입맛에 맞게 굴복시키려 했던 일이나, 1990년대와 2000년대에 미국의 이해를 위해 UN을 비대칭적으로 활용하려 했던 것, 즉 미국에는 적용되지 않을 세계 규범을 만든 것 등이 떠오른다. 미국이 온실가스배출에관한교토의정서와 기후변화에관한파리협약, 국제형사재판소를 설립한 로마규정, 탄도탄요격유도탄조약, 포괄적핵실험금지조약, 이란과의 핵협약을 무시한 것은 미국의 우월성에 근거한 필연적 결과였다. 대테러 전쟁이 제네바 협약, 고문 방지 협약, 심지어 미국 헌법까지 위반한 것 역시 모두 이 우월성에서 기인했다. 우월성을 중시하는 세계에서 법은 가장 강력한 주체가 아니라 나머지 주체의 행동을 제약할 때에나 유용한 것이다(봉건 시대의 격언인 '영주 없는 토지는 없다.nulle terre sans seigneur'를 차용해서 말하자면, 가장 강력한 국가가 원하는 대로 할 허가를 주지 않으면 살아남을 권리 또한 없다고 말할 수도 있겠다).

불량국가 명단은 미국이 작성하며, 미국만 만들 수 있다. 1996년, CIA 국장 존 도이치는 '불량국가'로 4개국(이란, 이라크, 북한, 리비아)을 꼽은 보고서를 상원에 제출했다. 이 국가들은 "상당한 군사력을 보유했고 대량살상무기를 손에 넣고자 했다." 나중에 레바논, 소말리아, 수단, 시리아, 베네수엘라가 명단에 추가되었다. 미국은 한 나라를 말살할 수 있는 허가를 스스로에게 발급하면서 18세기 아메리카 대륙에서 벌어진 원주민 학살과 19세기 미국이 일으킨 전쟁으로 회귀했다. 1898년 필리핀과의 전쟁에서 제이콥 스미스 장군은 휘하 군대에 "열 살 이상이면 전부 사살"하고, 필리핀을 "황량한 황무지"로 만들라고 명령했다. 50년이 지나 베트남에서 미군 헬기 부대는 병영 벽면에 페인트로 "죽이는 것이 우리의 임무, 임무가 넘쳐난다."는 슬로건을 써 놓았다. [미국은] 이 지역을 진압하든가 파괴해야 했다. 이러한 정신은 린든 B. 존슨 대통령이 "나라 전체를 쓸어 버리고 주차장으로 만들어 놓고, 크리스마스에 맞춰서 집으로 돌아올 수 있는데도, 몇 년이나 베트남 정글에서 시간을 허비해야 하는지 이야기하는 것은 말도 안 된다."고 말한 것에서도 뚜렷이 드러났다.

필리핀과 베트남은 사소한 걱정거리였다. 도이치가 실질적 위협으로 인식한 나라는 두 군데였다. 그는 "러시아와 중국이라는 두 강대국은 현저한 변화를 겪는 중이며 그 최종 형태는 여전히 매우 의심스럽다."라고 적었다. 러시아는 보리스 옐친과 지배계급이 국가 자산을 다 팔아치우고, 어렵게 쟁취한 주권을 국제 금융에 갖다 바치면서 무력화되었다. 옐친의 '거시경제 안정화' 정책으로 러시아 GDP는 50퍼센트 하락했고, 옐친이 집권했던 1991년부터 1999년 사이 기대 수명은 남성의 경우 6년, 여성은 3년 줄어들었다. 한편, 중국에서는 1978년부터 시작되어 1992년에 재추진된 개혁이 한창 진행 중이었다. 1993년 장쩌민이 주석직에 올랐을 때, 중국에서는 덩샤오핑의 "가능한 사람과 지역이 먼저 부자가 될 수 있다."는 선부론 때문에 심화된 도농 격차로 고통을 겪는 와중에도 GDP가 치솟기 시작했다. 1996년, 도이치가 보고서를 발간했을 때에 러시아와 중국은 위협도 불량국가도 아니었다. 보고서에서는 그저 '이들의 최종 형태'가 유럽연합과 유사하게 나타나서 미국이 세계를 호령하기를 바랐다.

미국의 전쟁 기획자들이 말하기를, 미국은 자국의 권력에 하등 위협이 되지 못할 정도의 군사력을 가진 국가만 위협했다. 미국을 실질적으로 위협할 수 있는 군사력을 가진 국가가 있다면, 그러한 국가와 직접 맞부딪히는 일은 있을 수 없다. 공중 폭격만 가지고도 쓸어 버릴 수 있는 국가만을 위협하고 공격한다. 그러나 여기에도 문제가 있다. 소말리아 사례처럼 저항이 있다면 철수할 수밖에 없다. 제국주의는 국가 전체에 폭격을 가할 수는 있지만,

최고로 군사적 우위를 점한다 해도 사람들까지 종속시킬 수는 없다는 사실을 깨달았다.

탱크 말고 은행

1980년대에 접어들면서, 제3세계에서는 부채 위기로 많은 국가의 주권이 침해당했고, 여러 복잡한 이유로 공산주의 국가 체제가 흔들리기 시작했다. 이 두 세력이 1990년대 초에 무너지자, 미국은 스스로를 세계의 주요 축이라고 단언하며 강철 외피를 두른 군사력과 벨벳 장갑을 낀 문화적 욕구에 이르는 다양한 영역에서 제국주의 진영을 이끌었다. 바로 이 시기에 미국과 그 동맹 세력들이 '세계화'를 외쳤다. 소련이라는 방패가 제거되면서, 특히 제3세계 진영의 정치적 의지가 약화되었다. 제3세계 진영에 속했던 각 회원국은 앞다투어 워싱턴으로 달려가 미국 대통령에게 머리를 조아렸고, 조금이나마 경제적 이득을 얻으려 했으며, 자국 정부가 '불량' 또는 '테러리스트'로 낙인 찍히지 않게 만들려 했다. 무역협정의 필수 조건으로 군사협정을 체결하는 것이 당연시되었다.

그러나 세계화가 진행되면서 구조적 문제가 발목을 잡았다. 세계화 그 자체가 문제였던 것이다. 세계화에 따라 전 세계에서 생산과정의 분절이 일어나는 한편, 1970년대의 파업 물결로 인건비가 상승하면서 서구의 생산 능력이 약화되었다. (여러 국가로 공장이 분산되는) 생산지의 분절과 엄격한 지적재산권 법령 덕택에, 글로벌 가치 사슬 속에서 초국적 기업은 노동자 조직이나 국민 국가보다 더 많은 권력을 쥐게 되었다. 사회관계를 구조화하는 전 세계 공장 체제의 가혹한 노동 조건에도 불구하고, 제국주의 진영은 하청 노동 체제 덕분에 자신의 도덕적 평판을 유지할 수 있게 되었다.

환경에 해로울 뿐 아니라 비인간적인 방식으로 이루어지는 자원 추출은 깊은 숲과 사막에 가려져 있지만, 이에 맞서는 저항 세력은 제국주의와 그 하청업자가 그 어떤 위험도 받지 않고 자원을 채굴하기 위해 벌이는 대테러 전쟁, 마약과의 전쟁 등 갖가지 전쟁에 시달린다. 제국주의 진영에 종속된 파트너와 신흥 국가 모두 원자재 수출을 성장 동력으로 삼고 있기에, 제국주의 진영은 자신의 직접적 통제가 미치지 않는 곳에서 자행되는 가혹 행위를 모르는 척하며 고고하게 있을 수 있다. 귀중한 자원을 헐값에 팔아넘긴 탓에 아프리카, 아시아, 라틴 아메리카는 수천억 달러 손해를 보았을 뿐만 아니라 자원이 고갈되었다. 독점 채굴 기업은 자원은 풍부하지만 힘없는 국가로부터 자원으로 벌어들이는 수익을 '후려치기' 하는 것으로도 모자라 모조리 강탈했다. 이렇게 매년 강탈당하는 부의 총량이 얼마나 되는지를 보여주는 통계는 눈을 씻고 찾아봐도 찾을 수 없다.

마지막으로 열린 관세및무역에관한일반협정GATT에서 만들어진 강력한 통상 정책의 결과, 1994년 세계무역기구WTO가 생겨났으며, IMF의 구조조정 정책 때문에 제3세계 국가들은 때로는 자국의 효율성을 높이기 위해 스스로를 글로벌 가치 사슬에 편입시키고, 수많은 대중 복지 정책을 삭감할 수밖에 없었다. 이러한 정책과 압박을 통한 자본주의 발전에 따른 열매가 전 세계 노동자 계급 및 농민에게도 돌아가는 일은 거의 없었다. 오히려 이 시기에는 1989년 베네수엘라 봉기를 중심으로 하는 'IMF 봉기'와 1987년 토마 상카라와 부르키나파소 정부의 전복이 중심이 된 'IMF 쿠데타'가 연달아 일어났다.

지난 50년간 일어난 일 중 가장 중요한 것은 미국 주도의 기관을 통한 세계 무역, 금융, 개발 체제의 확립이다. (미국 연방준비은행을 제외하고) 국제 금융과 무역 체제에서 중앙은행의 역할을 대신한 것은 바로 페트로 달러가 풍부한 미국의 민간 은행이었다. 이들과 미국 연방준비은행은 세계 대부분 국가의 금융 시스템과 환율을 미국에 종속시켰다. 그 결과 미국이 은행업과 무역 체제의 국제적 감시를 위한 규칙을 세우고, 세계를 위한 전체 규제 틀을 결정하게 되었다. 그리고 미국 달러가 이 체제의 기축통화가 되었다. 미국 신용평가사와 미국 주도의 IMF는 경제와 기업의 힘을 보여주는 척도가 되었다. 유럽의 송금 서비스인 국제은행간통신협정SWIFT이 국가 간 돈의 흐름을 장악했다. 미국 정부의 심기를 거스르는 국가가 있거나 제재 체제가 발동되면, 이들 기관은 그 어떤 정부의 목이라도 조르고, 신용 제공 통로를 막아 버리며, 상품 판매와 대금 회수를 못하도록 만들 수 있었다. 미국 정부의 통제

밖에 있는 체제는 존재가 허용되지 않았다.

절명의 위협에 시달리던 국가들은 미국 주도의 질서를 받아들여야만 했다. 트로이카(EU, 유럽중앙은행, IMF)가 그리스에 압력을 가했을 때, 전 그리스 재무부 장관 야니스 바루파키스는 현대의 쿠데타에는 탱크가 동원될 필요가 없으며, 그저 은행을 들이밀기만 하면 된다고 말하는 번뜩이는 재치를 보여주기도 했다.

1인자

다른 어떤 나라 군대보다 압도적으로 규모가 큰 미군은 전 지구에 주둔하고 있으며, 자신들이 불량국가라고 부르거나 자신의 압도적 힘을 위협하는 국가들을 협박하고 있다. 1990-1991년 1차 걸프전 기간에, 조지 H. W. 부시는 '베트남 신드롬'이 무너졌다고 말했다. 미국은 다시금 세계 무대의 중심이 되었다고 느꼈고, 무력을 휘두르는 것을 두려워하지 않았다. 예전의 대리전과는 작별이었다. 이제 미국은 적들을 상대로 전방위 지배를 펼치며 행동할 수 있게 되었다. 2003년 이라크전 이후 '또 다른 미국의 세기'를 향한 외침이 울려 퍼지기 시작했다. 이라크 내 복잡한 정세가 미국의 권력에 의심을 더욱 불러일으킬 것이라는 두려움이 있었던 것이다. 이 두려움을 쫓아 버려야 했다. 전 국무부 장관 매들린 올브라이트는 미국이 **1인자**primus inter pares, 즉 "필수불가결한 강대국"

이라는 자각을 새롭게 부활시키는 것이 중요했다고 말했다.

냉전의 종식은 연합국의 주요한 위협, 즉 소련과 위성국의 소멸을 의미했다. 그 후부터 미국과 그 동맹 세력은 철저하게 자신들의 체제에 도전하는 세력을 쥐어짰다. NATO가 동유럽에서 영향력을 확장하고, 환태평양 지역에서 미군을 증강하며, 러시아와 중국에 대한 압박의 수위를 높였다. 또한 구시대적 쿠데타(2009년 온두라스)를 통해서든 새로운 형태의 법률 전쟁 쿠데타(브라질)를 통해서든 남미 국가의 부상을 막아야 했다. 라틴 아메리카의 볼리바리안 혁명이나 중국의 일대일로 정책 같은 대안적인 역내 권력 기반을 만들려는 시도 역시 분쇄되어야 한다. 러시아는 자국이 확보한 부동항 단 두 곳(크림반도의 세바스토폴, 시리아의 라타키아)을 유지하려고 2014년 우크라이나, 2015년 시리아에 군사 개입을 했다. 이것은 러시아의 영향력을 확대하기 위한 것이 아닌, 러시아의 영향력을 수호하기 위한 방어적 조치였다. 그러나 러시아의 개입이나 중국의 일대일로 정책, 중러 동맹조차도 미국 권력의 약화를 보여주지는 않는다. 미국이 속박하는 세계 경제와 정치에 맞서는 새로운 체제는 아직도 보이지 않는다.

국제 안보 및 군사력 인프라를 전체적으로 강화하고 확대할 필요가 있었다. 미국은 이미 전 세계 거의 모든 국가에서 미군 기지를 운용하고 있다. 이제는 릴리패드lily-pad 기지, 즉 미군이 상륙, 급유, 휴식할 수 있는 협동 안보 지점을 활용해 더 확장되었다. NATO 미국 대사 빅토리아 눌런드는 이러한 협동 안보 지점을 "보이지 않는 기지"라고 부르며, "퇴직한 미국인 비전투원"에게 기지 유지 보수 업무를 아웃소싱하거나 하청 계약을 맺는 방식으로 이것을 운영할 것이라고 말했다. 이렇게 되자 세계 대부분 국가의 군대가 미군 명령 체계에 편입되어 미군과 합동군사훈련을 할 수밖에 없게 되었다. 여기서 사용되는 용어가 바로 '상호운용성'이다. 각국의 군에게는 미군에 맞추어 작전을 수행할 것이 요구된다. 미군 합동참모본부의 합동작전교리(1993)는 "통상 군사 및 자원의 우위를 제공하는 국가가 연합군의 사령관을 제공한다."고 규정한다. 누가 군 인력과 장비의 '우위'를 제공하고, 결국 사령관 역할을 할지는 자명하다. 상호운용성을 위해 미군 장비와 소프트웨어를 구매할 것이 각국 군대에 권장되었다. 미국이 군사협정을 맺을 때마다 미국 방위산업체의 해외 매출이 눈덩이처럼 부풀어오른 것은 물론이다. 이러한 상호운용성 구조를 통해 미국은 인도태평양 전략과 같은 새로운 지역 동맹을 만들어 내 군사 협약과 무역 및 원조를 통해 각국을 미국의 영향력 하에 종속시켰다. 최종적으로, 드론의 사용을 포함한 군사 기술의 큰 발전으로 미국은 완전하게 전 세계에 영향력을 행사할 수 있게 되었다. 범지구신속타격PGS이라는 프로그램을 통해 미군은 정밀 유도 재래식 무기를 가지고 한 시간 내에 전 세계 어느 곳이든 타격할 수 있는 능력을 갖추게 되었다.

유일한 안보리 상임국, 미국

UN 총회 의장 시절, 니카라과의 미겔 데스코토 브로크먼은 '재단장한 식민주의'를 이야기하곤 했다. 2003년의 불법적인 이라크 전쟁과 2007년 금융 위기를 거치며 서구 국가, 특히 미국은 그 정당성을 상실했다. 서구는 전 세계를 포위하고 있는 자신들의 대규모 군 조직에 계속해서 정당성을 부여하고, 서아시아부터 중앙아메리카까지 자신들의 군 개입을 정당화하기 위해 보호책임 R2P이라는 새로운 독트린을 추진해 식민주의를 '재단장'했다. 이렇게 '재단장한' 식민주의 덕에 서구 열강은 '자유주의' 세계 질서와 경제 기구를 정비할 수 있었다. 이렇게 '재단장한' 식민주의는 인도주의 세력으로서 국제 문제에 다시금 교묘하게 진입할 수 있었다. 제국주의 부르주아 계급의 명백한 공상소설 속에서 오바마는 잔혹한 전쟁 기계의 '쿨한' 주인공 역할을 맡았다. 도널드 트럼프의 천박함은 제국주의 프로젝트의 종식을 바라게 만드는 것까지는 이어지지 못했지만, 서구 자유주의자들이 오바마의 세련미를 그리워하도록 만들었다. 이념적으로 질식당한 사람들은 미국을 필두로 한 세력이 이라크나 리비아 같은 국가에 폭격을 하거나 베네수엘라와 이란 등의 숨통을 조일 때에도 어떤 고상한 목적이 있는 것이라 믿게 되었다. 게다가 이렇게 통찰력이 부족해지면서, 미국 주도의 세력이 민간인을 보호하고, 전 세계 배고픈 자들의 절망을 끝내기 위해 개발원조를 제공한다는 관점이 생겨났다.

2011년, 미국과 프랑스는 무아마르 카다피에 대해, 또 리비아에서 대학살이 일어날 가능성에 관해 일어난 광분 속으로 전 세계를 몰아넣었다. 사실 그러한 위험을 보여주는 증거는 그 어디에도 없었다. 서구의 언론 보도는 사우디 아라비아 언론을 베껴 썼다. 이 광란을 이용해 미국과 프랑스는 리비아 공격을 촉구하는 UN 결의안을 이끌어 냈고, 신속하게 공격을 전개했다. 결의안 내용 중에는 전후 조사를 요구하는 것이 있었다. 다른 수단을 통해 리비아 전쟁이 계속되고 있기는 하지만, 2012년 전쟁이 끝났을 때, UN은 리비아 폭격 당시 NATO의 행동을 조사하기 위한 조사위원회를 구성했다. 이것은 어떠한 저의가 없는 명료한 조치였다. 조사위원회의 임무는 리비아가 초토화되면서 끝난 이 분쟁에 관여한 모든 당사자의 행위를 조사하는 것이었다. NATO는 이 조사에 협력하기를 거부했다. NATO의 법률 고문 피터 올슨은 UN에 보낸 서한에서 이러한 "NATO의 일"은 전혀 범죄가 아니라고 썼다. 그러면서 "따라서 우리는 조사위원회가 리비아에서 NATO가 한 행위에 대한 내용을 포함시키려고 한다면, NATO가 리비아에서 민간인을 의도적으로 겨냥하지 않았고, 전쟁범죄를 저지르지 않았다고 보고서에 분명하게 기술하기를 요구한다."고 적었다. 다른 말로 하면, NATO가 수행하는 전쟁에 대해 프리패스를 주라는 것이다. NATO의 협조 거부를 놓고 자유주의 진영의 분노나 기득권 인도주의자의 외침은 일절 없었다. 이들은 그저 제국주의 진영이 그 어떠한 악의적인 동기를 품을 리 없고, 민간인을 고의적으로 겨냥하거나 한 나라를 파괴하는 일은 할 수 없을 것이라고 생각했다. 그러한 행위를 조사하는 것조차도 용납할 수 없다. 이것이 재단장한 식민주의의 영향력이었다.

트럼프의 국가안보보좌관을 맡게 되는 존 볼턴은 2000년에 "내가 오늘날 안보리를 다시 구성할 수 있다면 나는 상임국을 하나만으로 한정할 것이다. 그것이야말로 세계 권력 배분을 현실적으로 반영한 것이기 때문이다."라고 말했다. 그렇다면 그 상임국은 어디가 되겠는가? 볼턴은 "미국"이라고 답했다. 그의 말이 맞다. 이스라엘을 위해 미국이 UN에서 전권을 휘두르는 것을 인정하지 않고서, 이스라엘이 팔레스타인 민중에게 하는 행동을 설명할 길이 도무지 없으니 말이다.

NGO 공화국

아이티의 인구 1인당 NGO 수는 다른 어느 나라보다도 많다. 물론 다른 나라에도 NGO가 많다. 구조조정 프로그램을 통해 정부 예산을 삭감하라는 IMF 요구안은 국가의 축소를 촉진했다. 이렇게 약해진 국가를 대신해 들어온 것이 무수히 많은 NGO다. 많은 NGO 단체가 헌법에서 민주국가의 의무로 규정했던 서비스를 대신 제공했다. 아니, 최소한 그렇게 하기를 바랐다. 국가가 약화되고 발에 치일 정도로 NGO가 많아지면서, 정부의 대중 지지 기반은 이전보다 줄어들었다. 그러자 다른 권력이 힘을 행사하기 시작했다. 이 권력은 그 어떠한 민주주의 과정에 대해서도 공식적인 책임을 지지 않았고, 보통 물주(주요한 경우 미국, 유럽 국가 정부)에 대한 책임만을 가질 뿐이었다. 국가적 의제 설정의 주체는 국내 안보 유지 임무를 갖는 아이티 같은 개별 국가가 아니라 IMF 같은 국제기구, 미국이나 프랑스 같은 정부 또는 UN이 되었다. 이들이 아이티 민중에 대한 조건을 정했다. 다시 말해, 이들은 아이티의 제국주의 군주인 셈이다.

아이티에게는 기회가 아예 없었다. 1804년 마무리된 혁명 이래로 아이티는 항상 위협적 존재로 취급당했다. 민주주의는 절대 허용되지 않았다. 프랑스 정부는 혁명을 빌미로 아이티로부터 220억 달러를 강탈했다. 미국 정부의 지원을 받은 뒤발리에 가문이 1950년부터 30년간 독재를 한 탓에 나라는 황폐화되었다. 프랑수아 뒤발리에의 준 군사 조직인 통통 마쿠트Tonton Macoutes는 미군에게 훈련을 받고 이 기간 동안 5만 명이 넘는 사람을 살해했으며, 공포와 거짓으로 사회 내 반공 및 반민중 정서를 심화했다. 1986년에 일어난 대중 봉기로 뒤발리에 체제는 무너졌다. 신생 아이티는 민주주의 단계에 접어들면서 IMF를 찾았고, IMF는 미국 국무부와 함께 무역 자유화 의무 정책을 '권고'했다. 그러나 독재정권이 민중의 의사를 반영하지 않고 도입한 **유해 채무**odious debts는 면제되지 않았다. 전직 신부 장 베르트랑 아리스티드가 이끈 라발라lavalas(홍수) 운동이 뒤발리에 일가를 권좌에서 쫓아냈다.

그리고 이어진 첫 선거에서는 뒤발리에 내각과 세계은행에서 일했던 우파 후보 마크 바쟁에게 외부 자금이 제공되었다. 그럼에도 바쟁은 아리스티드에게 패했다. 아리스티드가 취임하기 전, 뒤발리에파가 쿠데타를 일으켰지만, 또 한 번의 거대한 대중운동이 이를 저지했다. 그랬음에도 아리스티드는 취임 8개월 만에 라울 세드라스의 손에 의해 축출되었다. CIA가 자금을 제공하던 세드라스의 폭력 조직 아이티진보발전전선FRAPH은 아리스티드 지지자를 공격했다. 세드라스는 워싱턴의 국제공화주의연구소International Republican Institute로부터 자금을 지원받았다. 세드라스 정부가 자행한 폭력은 뒤발리에 시절보다 더욱 심했고, 라발라를 통해 만들어진 초기 단계의 급진적 사회를 파괴했다.

그럼에도 아래로부터의 힘으로 아리스티드는 1994년 다시 대통령으로 복직했다. 그렇지만 국제기구가 아이티를 운영하고, NGO가 활개 칠 수 있도록 허용하는 거버너스아일랜드협정Governor's Island Accord에 강제로 서명하면서 아이티의 민주적 통치기구는 조직적으로 약화되었다. 1994년 아리스티드가 대통령으로 복직했을 당시 아이티는 클린턴의 백악관과 월가가 의도한 대로 가장 발전이 뒤처진 상태에 있었다. 미국 정부와 월가는 아이티가 어엿한 국가가 아니라 마킬라도라maquiladora, 즉 다국적기업의 이득을 위한 무관세 제조 공장이 되기를 바랐다. 1998년 채무상환 문제에 직면한 아이티는 IMF에 도움을 요청했고, IMF는 긴축 정책을 요구했다. 아리스티드는 IMF의 요구를 충족시키지 못했고, IMF는 아이티 정부로 들어가는 자금줄을 틀어막았다. 그러나 NGO에는 이러한 동결 조치가 적용되지 않았고, 결국 NGO 쪽으로 돈이 흘러 들어갔다. 1961년에 설립된 미국 국제개발처USAID는 미국 정부로부터 자금을 받아 이를 NGO에게 제공한다. USAID로부터 자금 지원을 받은 단체들의 예산은 1998년부터 확대되었다(1995년 미국 의회는 USAID가 아이티 정부에 자금을 제공하는 것을 금지하고 NGO에게만 자금 지원을 하도록 했다). 1995년에 클린턴 행정부의 국무부 부장관 스트로브 탤벗은 예정된 미군 철수를 언급하며 "1996년 2월 아이티에서 철수하더라도, 우리는 USAID와 민간 부문을 통해 영향력을 유지할 것"이라고 상원에 말했다. USAID는 NGO 수천 곳에 돈을 지원했고, 이 단체들은 아이티에서 자신이 우선하는 의제를 추진했다. USAID는 아이티 농업을 수출 지향적 농업으로 바꾸었고, (1991년 아리스티드가 최저임금을 시간당 0.33달러에서 0.5달러로 인상하자고 제안한 것 같은) 최저임금법을 억제하였으며, 미국 농민이 생산한 쌀을 (미국 돈으로 들여와) 식량 원조 형태로 '무상'으로 풀어 아이티의 쌀 생산 기반을 무너뜨렸다. USAID는 사교육을 추진해 공교육과 성인 문맹 퇴치 프로그램을 약화시켰으며, 식품 수입 관세를 무시하면서 미국 가금류 회사들이 원치 않는 닭고기 부위를 아이티에 떠넘길 수 있도록 만들었다. 그 결과 아이티의 가금류 생산 부문이 무너졌다.

2009년, 엄청난 대중의 압박에 아이티 정부는 최저임금을 시간당 0.24달러에서 0.61달러로 올리는 법안을 통과시켰다. 새로운 최저임금법 도입으로 아이티 노동자는 하루에 5달러를 벌 수 있게 되었지만, 여전히 아이티 4인 가족의 하루 생활비인 12달러보다는 훨씬 낮은 임금이었다. 그럼에도 아이티 내 미국 섬유 기업들은 주 아이티 미국 대사관을 통해 불만을 제기했고, 대사관은 정부에 로비를 펼쳐 최저임금 인상안을 철회하도록 했다. 주 아이티 미국 부대사 데이비드 린드월은 새로운 최저임금이 "경제 현실을 반영하지 않았다."고 말했다. 미국 대사관 덕에 아이티 정부는 최저임금을 0.07달러만 인상했고, 그 덕분에 프루트오브더룸Fruit of the Loom, 헤인즈, 리바이스 등의 의류 기업은 막대한 수익을 올릴 수 있었다.

아리스티드가 1991년 쿠데타로 한 번 축출되었다가 1994년 되돌아왔다고 해도, 그것은 공허한 승리였다. 거버너스아일랜드협정은 아이티 민주주의가 가졌던 가능성이 NGO에 짓밟히는 것을 아리스티드가 지켜보았음을 의미한다. 그럼에도 그는 2000년 재선에 성공했다. 재선으로 자신의 행보에 자신감을 되찾은 그는 프랑스에 아이티가 노예제로부터 독립할 당시 받아 간 210억 달러를 배상할 것을 요구했다. 판미 라발라스Fanmi Lavalas당 지지자들의 암살에 나선 극우 단체에게 외부의 지원이 있었음은 명확했고, 이것이 아리스티드 정권을 완전히 무력화하기 위한 것임은 더욱 자명했다. 아리스티드는 2004년 두 번째 쿠데타로 또 한 번 축출되었다. 그의 말에 따르면 당시 납치를 당했다고 한다. 아리스티드 개인이 납치당한 것뿐만 아니라 아이티 국가 전체가 납치당한 것이나 다름없었다. 아이티라는 국가는 더 이상 찾아볼 수가 없다. 민주주의 기구가 전복된 다른 많은 국가가 그렇듯, 아이티는 이제 NGO 공화국이다. 이 사례는 탱크와 은행을 내세웠던 첫 번째 두 번째 쿠데타를 지나 NGO가 만드는 새로운 형태의 세 번째 쿠데타를 우리에게 보여준다.

최대 압박

2001-2003년 사이, 미국은 이란의 적인 아프가니스탄의 탈레반, 이라크의 사담 후세인과 두 번의 전쟁을 치렀다. 이들이 패배하면서 이란은 중동 지역에서 날개를 펼 수 있게 되었다. 그러나 이 두 전쟁에서의 전략적 오류를 인지한 미국은 이란이 중동 지역에서 영향력을 확장하지 못하도록 신속하게 행동에 나섰다. 미국은 2005년 시리아책임법Syria Accountability Act(및 2011년부터 개시한 시리아 전쟁)을 통해 이란과 시리아의 관계를 약화시키고, 2006년 이스라엘의 레바논 공격을 통해 레바논 정치 세력인 헤즈볼라를 파괴하려 했다. 그러나 그 어떠한 조치도 성공하지 못했다. 2006년, 미국은 이란 원자력 에너지 프로그램에 관한 위기를 날조해 UN, EU, 미국이 다 같이 대이란 경제 제재 조치를 시행하도록 만들었다. 그러나 이 또한 실패로 돌아갔다. 미국은 2015년 이란과 핵합의를 이루기도 했지만, 트럼프는 2018년 이를 파기해 버렸다.

그러면서 미국의 일방적인 제재가 실시되었고, 이란 경제는 급속히 수축했다. 트럼프는 자신의 정책을 '최대 압박'이라고 불렀다.

2019년 10월, 휴먼라이츠워치는 〈최대 압박: 이란 국민의 건강권을 훼손하는 미국의 경제 제재Maximum Pressure': US Economic Sanctions Harm Iranians' Right to Health〉라는 통렬한 제하의 짧은 보고서를 발표했다. 2018년 11월, 미국은 일방적인 대이란 제재를 쇄신해 제재에 미국 외 기관에 대한 '세컨더리 보이콧(3자 제재)'을 포함했다. 이 세컨더리 보이콧 때문에 이란은 필수 의료품을 포함한 수많은 상품을 거래할 수 없게 되었다. 휴먼라이츠워치는 "배가된 미국의 제재는 이란 국민의 건강권과 필수 의약품에 대한 접근권에 심대한 위협을 초래했고, 이 제재가 간질 환자를 위한 필수 약품 부족에서부터 제한적인 수의 항암 치료제에 이르는 의약품 부족 사태에 악영향을 미친 것이 거의 확실하다."고 기술했다. 휴먼라이츠워치가 이러한 심각한 상황을 처음으로 보고한 단체는 아니다. 오바마 정부 시기의 일방적인 미국의 제재로 이미 이란 국민의 건강은 심각하게 저하되었다. 2013년, 윌슨 센터 보고서에서 시아막 나마지는 "제재는 실제로 이란 내 의약품과 의료기기 공급에 차질을 불러온다. 생명을 구할 수 있는 가장 최신 의약품과 그것을 제조하는 화학원료를 미국과 유럽에서 조달하는 것이 특히나 어렵다."고 적었다.

지난 수년간, 의학 저널 《란셋》은 미국의 일방적 제재로 인한 이란 보건 상황의 악화에 관해 중요한 연구를 잇달아 게재했다.

2019년 8월, 미국과 이란 의사 5명은 이란의 전국민 의료보험제도가 제재로 인해 크게 훼손되었으며, 이란이 "의료 서비스 제공이 심각하게 어려운 상황에 처할 위험이 높으며, 이로 인해 사망률과 이환율[2]이 상당한 영향을 받을 가능성이 있다."고 지적하는 강렬한 사설을 《란셋》에 발표했다. 이란의학회 회장 세예드 알리레자 마란디 박사도 UN 사무총장에게 이 같은 서한을 발송했다. 그는 장기이식이 필요한 환자나 암 환자들이 "고의적으로 의약품과 의료 장비 제공을 거절당하고 있다."고 지적했다. 이러한 내용의 수많은 편지에 대한 공식적인 답변은 아직까지 없다. UN 일방적강제조치의부정적효과에관한특별보고관Special Rapporteur on the Negative Impact of the Unilateral Coercive Measures 이드리스 자자이리는 제재 체제를 고찰하며 "현재의 시스템이 의혹과 모호함을 자아내는 바람에 이란이 긴급하게 필요한 인도주의적 상품을 수입하기 어렵게 만들고 있다. 이러한 모호성은 의약품 소진으로 인해 병원에서 죽음이 조용하게 확산되는데도 국제 언론에서는 이를 알아차리지 못하는 '소름 끼치는 결과'를 야기한다."고 결론짓는다.

　　미국 정부는 가능한 모든 수단을 동원해 이란의 목을 졸랐다. 특별지정국제테러분자SDGT, 특별지정제재대상SDN 리스트, 금융범죄단속네트워크FinCEN 등을 활용해 이란 경제를 더욱 옥죄었다. 휴먼라이츠워치는 지난 1년(2018-2019)간 인도주의 단체가 계

2　이환율은 전체 인구 중에서 일정 기간 동안 관찰한 환자의 수를 백분율로 나타낸 것으로 쉽게 접할 수 있는 누적 발생율은 이환율의 일종이다.

속해서 지적했던 사안, 즉 은행이 인도주의 목적의 송금조차도 거부하며 본연의 임무에 충실하지 않는다는 점을 다시금 강조했다. 2019년 8월, 이란 내 아프가니스탄 난민과 일하는 노르웨이난민협의회 회장 얀 에겔란트는 "지금 우리는 꼬박 1년 동안 후원자로부터 받은 기부금을 송금해 줄 은행을 찾고 있다."고 말했다. 에겔란트가 순진한 것이 아니다. 그는 2003년부터 2006년까지 UN 인도지원 담당 사무차장이었다. 은행을 압박하는 것으로 미국 정부는 이란의 식료품 및 의약품 수입 역량에 큰 타격을 입혔고, 그로 인해 이란 국민의 인권에도 영향을 미쳤다. 이 모든 것은 단 하나의 사실을 가리킨다. 즉, 미국 정부가 이란 정부를 해칠 목적만이 아니라, 이란 민중 전체를 공격할 전략을 가지고 있다는 것이다.

휴먼라이츠워치가 보고서에 '최대 압박'이라는 제목을 붙인 데에는 다 이유가 있다. 이 표현이 이란 핵 합의(포괄적공동행동계획JCPOA) 탈퇴와 가혹한 제재의 재개로 이어진 트럼프의 대이란 정책과 연관되기 때문이다. 2018년 11월 대이란 제재를 가하면서, 미국 재무부 장관 스티븐 므누신은 "미국이 가하는 최대의 압박은 여기서부터 점점 강력해질 것"이라고 말했다. 휴먼라이츠워치가 지적했듯이 이는 '결국 연좌제'이다.

전국민 의료보험은 이란 정부의 기본 정책 방향이었다. 1985년 전국보건의료네트워크 출범과 그 후 (자원 부족으로 차질을 빚기도 했지만) 수십 년간 이어진 도시 및 농촌 가정 프로그램으로 이란의 의료 정책이 주목을 받았다. 이러한 이란의 보건의료 시스템은 제재로 인해 모든 면에서 급격한 타격을 받았다. 제재로 핵심 물품 수입이 불가능해졌기 때문이다(수포성 표피박리증 치료용 붕대, 이라크가 이란을 상대로 사용한 화학무기에 노출된 사람들이 고통받는 종양 괴사 등의 염증 저감용 약물 등이 그 예이며, 이러한 물품들은 서유럽과 미국에서 공급받아야 한다). 이란은 지난 세기 동안 고품질의 자체 제약 산업을 일구어 왔고, 이 산업은 현재 공공 부문의 사회보장 투자 회사에 뿌리를 내리고 있다. 수년 전까지만 해도 이란은 다양한 종류의 약을 생산할 수 있었지만, 일부 생산 라인이 필수 제약 원료의 수입에 의존하고 있었기 때문에 자체 제약 산업 분야조차도 제재로 인해 소모되었다.

UN은 제재가 인도적인 정책이 아니며 열강의 무기로 쓰여서는 안 된다고 계속해서 말했다. 의약품과 식료품은 예외로 하자는 주장이 주기적으로 제기된다. 미국은 무고한 사람들을 해할 목적으로 제재를 가하는 것이 아니며, 그렇기에 종종 예외를 허용한다고 주장한다. 2019년 8월, 미국 정부는 대베네수엘라 정책을 완화하는 것처럼 보이는 지침을 발표했다. 해당 지침에서는 베네수엘라에 대한 "인도주의적 지원 물품은 반입이 가능"하다고 언급했다. 이것이 그저 수사에 불과하다고 해도, 이란에는 그러한 완화 조치조차도 취해지지 않았다. 미국은 대이란 정책에서는 비슷한 지침을 내리지 않았다. 오히려 대이란 하이브리드 전쟁의 일환으로 위험한 제재를 더욱 강화했다.

1980년에 이란은 아랍어로 예루살렘을 의미하는 쿠드스군을 창설했다. 쿠드스군은 포위 상태의 이란이 지역적 연결고리를 형성하고자 만든 조직이다. 창설 초기, 쿠드스군은 서구의 이해와 역내 좌파를 상대로 한 작전(모하마드 나지불라가 아프가니스탄 공산주의 정부를 상대로 했던 공격을 포함한다.)에 모두 참여했다. 쿠드스군은 지난 10년 동안 카셈 솔레이마니 장군과 이라크-이란 전쟁 참전 용사들의 휘하에서 더욱 분명한 의제를 세웠다.

이란 지도부는 미국과 그 동맹 세력의 총공격을 견딜 수 없음을 알고 있었다. 미국의 순항미사일과 폭탄 세례는 이란의 생존을 위협한다. 이러한 전쟁은 피해야 한다. 북한과 달리, 이란은 핵 방패를 소유하지도, 만들 가능성이나 의향도 없었다. 그러나 대량살상무기라는 방패를 포기한 이라크와 리비아의 사례는 핵 억지력이 없는 국가에 어떤 일이 벌어질 수 있는지를 보여주었다. 이라크나 리비아 모두 서구를 위협하지 않았지만, 그럼에도 두 국가는 전부 괴멸당했다. 서구의 공격에 맞서 일정 정도의 억지력을 개발한 것은 바로 이 쿠드스군이었다. 솔레이마니의 쿠드스군은 레바논과 아프가니스탄까지 가서 친이란 단체와 관계를 맺고 민병대 건설을 지원 및 장려했다. 시리아와의 전쟁은 이러한 단체들의 시험대였다. 이들은 지금도 이란이 공격을 받으면 미국 표적을 타격할 준비가 되어 있다. 미국이 2020년 초 솔레이마니를 암살했을 때, 이란은 여기서 더 공격을 받는다면 두바이(아랍에미리트)와 하이파(이스라엘)를 파괴하겠다고 했다. 이란의 단거리 미사일은 두바이를 직접 타격할 수 있지만, 하이파를 치는 것은 헤즈볼라다.

이는 이란에 폭격이 이루어지면 미국과 그 동맹 세력이 전면적인 **역내 게릴라 전쟁**에 직면하게 될 것임을 의미한다. 이들 민병대는 이란의 억지력으로 작용한다. 이것은 공격이 아니라 제국주의의 분노에 맞선 방어적 태세일 뿐이다.

이란의 정치는 미국과 중동 지역의 동맹(이스라엘 및 사우디 아라비아)이 가하는 엄청난 압력에 좌우된다. 1979년 이란 혁명에는 지금은 사라진 이란 좌파도 있었다. 이라크에서는 공산주의 세력이 차츰 다시 나타나 IMF의 의제를 철저히 따르는 정책을 시행하는 정부에 맞서 2011년부터 벌어진 봉기에 참여하고 있다. 이라크 민중은 최근의 시위에서 "우리는 조국을 원한다."라고 외쳤다. 레바논과 아프가니스탄의 사람들도 마찬가지다. 이란 혁명 시기, 한 좌파 그룹은 법무부 건물 벽에 '자유의 새벽이 밝았지만 자유의 자리는 비어 있다.dar tulu-e azadi, ja-ye azadi khali'는 문구를 적었다. 저항이 일어났지만, 혁명에 대한 모든 약속은 아직 실현되지 않았다는 것이다.

혼란을 가속화하라

2017년에 미주 대륙에서 우파가 줄줄이 집권하면서 12개국 대표가 페루 리마에 모여 리마 그룹이라는 진영을 형성했다. 리마 그룹의 목표는 니콜라스 마두로 대통령이 이끄는 베네수엘라 정부를 전복하는 것이었다. 리마 그룹의 수장은 세계 광산 대기업 대부분이 본사를 두고 있는 캐나다였다. 이들 광산 기업의 관심은 아메리카 대륙의 영토를 파헤쳐 채굴한 자원으로 이윤을 창출하는 것이다. 미국은 1999년 볼리바리안 혁명이 일어났을 때부터 이 혁명을 끝내고자 행동에 나섰다. 2002년 **쿠데타**가 실패했지만, 미국은 이에 굴하지 않았다. 그러나 아프가니스탄과 이라크 전쟁으로 생긴 혼란 탓에 미국의 주의가 분산되고, 카리브해와 라틴 아메리카 좌파 정부가 몰고 온 '핑크 타이드'[3] 덕분에 베네수엘라에 대한 총공격은 일어나지 않았다.

볼리바리안 혁명이 일어난 지 거의 20년이 되어 가는 2017년이 되자 베네수엘라를 공격하기 쉬워진 듯 보였다. 원자재 가격 하락이 베네수엘라에 경제 문제를 일으키고 있었고, 라틴 아메리카 지역에서는 우파 정부가 속속 들어섰다. 2009년 온두라스 쿠데타를 시작으로, 리마 그룹에서 가장 크고 중요한 국가인 아르헨티나, 브라질, 멕시코를 비롯해 리마 회의에 참석한 대부분의 국가에서 우파 정부가 집권했다. 외교적 고립이 가장 먼저 [베네수엘라에] 찾아왔고, 그 뒤에 미국의 극도로 가혹한 경제 제재를 위시한 경제적 고립이 이어졌다. 원자재 가격 하락으로 이미 어려움을 겪고 있던 베네수엘라 경제는 급강하하기 시작했다.

리마 그룹과 미국 개입의 핵심은 베네수엘라에서 사회적 재

---

3 1990년대 말부터 2014년 11월까지 남미 12개국 중 파라과이와 콜롬비아를 제외한 10개국에서 온건 사회주의를 표명한 좌파가 집권한 물결을 말한다.

난을 일으키는 것이었다. 미국 관료들은 베네수엘라에 혼란을 초래하기 위한 전방위 하이브리드 전쟁 기법의 구사에 대해 공공연하게 이야기했다. 2018년, 전 주 베네수엘라 미국 대사 윌리엄 브라운필드는 미국, 다자기구, 리마 그룹이 베네수엘라의 "붕괴를 가속화"해야 한다고 말했다. 그는 "이미 먹을 것을 구하는 데 상당한 어려움을 겪고 있는 수백만 명이 그것에 영향을 받을 것이라는 점을 인지하면서 이를 밀어붙여야 한다."고 말했다. 이러한 잔인한 판단에 기초해 역내 다양한 우파 정부는 베네수엘라 봉쇄 조치를 더욱 강화했다. 미국 정부는 베네수엘라 볼리바리안 혁명을 무너뜨리면 쿠바를 약화시키고, 심지어 쿠바 혁명까지도 붕괴시킬 수 있을 것이라 확신했다.

2019년 1월, 미국 정부는 마두로 정부에 대한 공개 쿠데타를 감행했다. 별볼일없는 의원이던 후안 과이도를 내세워 가짜 정부를 세우고 파괴 행위를 포함해 가능한 모든 수단을 활용해 베네수엘라 정부를 약화시켰으며, 사회불안을 조성하고 볼리바리안의 지지 기반에 균열을 냈으며, 정부의 권위를 실추시켰다. 베네수엘라는 영국에 보관했던 금을 강탈당하고, 국제 금융 통로도 막혔으며, 원유 판매 시설이 봉인되었다. 하이브리드 전쟁은 베네수엘라에 심각한 타격을 주었다. 베네수엘라 3천 200만 국민에 대한 거의 완벽한 금수조치가 시행되었다.

경제정책연구센터Centre for Economic and Policy Research의 보고서에 따르면, 2017년 8월부터 베네수엘라에서 트럼프의 제재로 인해 4

만 명 이상이 사망했으며 식료품과 의약품 접근성이 떨어졌다. 이러한 제재는 여전히 시행되고 있다. 그 때문에 HIV 환자 8만 명이 항레트로바이러스 약을 구하지 못하고 있고, 1만 6천 명이 상시적인 신장 투석을 받지 못하고 있으며, 암 환자 1만 6천 명이 치료를 받지 못하고, 비만과 고혈압 환자 400만 명이 인슐린 및 심혈관 약품을 공급받지 못하고 있다. 제재 조치의 사회적 영향은 그야말로 재앙 수준이다.

그럼에도 베네수엘라 정부는 쓰러지지 않았다. 실제로 주요 도시에서 벌어진 민중의 잇따른 집회는 노동자 계급, 농민, 도시 빈민 등 대중이 정부를 지지하고 있음을 보여준다. 미국과 미국의 꼭두각시 과이도는 이에 불만을 가지고 2019년 4월 군사 쿠데타를 시도했지만, 실패했다. 마두로는 대통령직을 유지했다. 베네수엘라 경제는 여전히 취약하고 사회적 삶은 제재로 심한 내상을 입었지만, 대다수 인구가 정부를 정치적으로 지지한다는 점만큼은 명확하다.

베네수엘라를 상대로 한 하이브리드 전쟁은 성공하지 못했다. 볼리바리안 혁명을 지키겠다는 결의는 라틴 아메리카 대륙에 영감을 불어넣었다. 멕시코에서 칠레에 이르는 국가에서 미국의 하이브리드 전쟁이 '인권'이나 '민주주의'를 위한 것이 아니라, 미국의 제국주의 이해를 확대하기 위한 것이라는 점을 명확하게 이해하고 있다는 점을 눈여겨보아야 한다. 미국이 베네수엘라와의 대결에서 패배한 것은 라틴 아메리카 전역에 자신감을 가져다주어 미국과 IMF의 마수뿐만 아니라 자국의 지배계급에 맞선 투쟁을 심화하도록 만들었다.

제재는 곧 범죄

코로나-19가 대륙을 가로지르고 대양을 넘어 빠르게 확산되면서, 모든 국가의 국민들을 공포에 떨게 하고 있다. 확진자 수가 느는 만큼 사망자도 늘었다. 손 씻기와 진단 검사가 진행되고, '사회적 거리두기'라는 말이 새로 등장했다. 이번 팬데믹이 얼마나 지독할지는 명확하지 않다. 팬데믹 시기에는 바이러스의 전파와 이것이 인간 사회에 미치는 영향을 최소화하기 위해 모든 방법을 동원해 전 세계가 협력해야 할 것이라고 모두들 생각할 것이다. 또한 이러한 규모의 인도주의적 위기가 특정 국가를 상대로 하는 비인간적인 경제 제재와 정치 봉쇄를 모두 중단 내지는 종식할 기회라고 생각할 수도 있다. 요는, 미국 주도의 제국주의 진영이 쿠바, 이란, 베네수엘라, 기타 여러 국가에 가하는 제재를 끝내야 할 때가 아닌가 하는 것이다.

베네수엘라 외무부 장관 호르헤 아레아사는 최근 세계민중총회 사무처장 파올라 에스트라다와 필자에게 "미국이 베네수엘라를 상대로 가하는 불법적이고 일방적인 강제 조치는 연좌제의 일종"이라고 말했다. 여기서 '연좌제'라는 표현을 사용했다는 것이 중요하다. 1949년 제네바 협약에 따라, 국민 전체를 상대로 고통을 야기하는 모든 정책은 전쟁범죄로 간주된다. 아레아사는 미국의 정책으로 "의약품을 제때 수급하는 것이 어렵게 되었다."고 말했다. 서류상으로는 미국의 일방적인 제재에서 의약품 수급은 예외로 되어 있다. 그러나 그것은 환상에 불과하다. 베네수엘라와 이란 모두 의약품을 쉽게 구매할 수 없을 뿐더러 국내로 반입하기도 어렵고, 그나마 어렵게 반입한 의약품을 공공 의료 체계에서 사용할 수도 없다. 코로나 시대에 이들 국가에 대한 금수조치는 1949년 제네바 협약 기준에서도 전쟁범죄일 뿐만 아니라 UN 국제법위원회(1947)가 규정한 인도주의에 반하는 범죄이다.

2017년에 미국 대통령 도널드 트럼프는 베네수엘라가 금융 시장에 접근하지 못하도록 엄격한 제재를 시행했다. 그러고서 2년 뒤에 미국 정부는 베네수엘라 중앙은행을 블랙리스트에 포함해 베네수엘라 정부기관에 포괄적인 금수조치를 가했다. 베네수엘라 공공 부문과 거래하는 모든 기업은 세컨더리 보이콧 대상이 될 터였다. 2017년 미국 의회는 적대세력통합제재법CAATSA을 통과시켜 이란, 러시아, 북한에 대한 제재를 더욱 강화했다. 이듬해에 트럼프는 이란을 대상으로 수많은 신규 제재를 추가해 이란 경제의 목을 졸랐다. 또다시 세계 금융 시스템 접근 통로가 막히고 이란과 거래하는 기업에 위협이 가해진 탓에 이란은 세계에서 비즈니스를 거의 할 수 없는 지경이 되었다. 미국 정부는 특히 이란 및 베네수엘라 공공 부문과의 비즈니스를 금지했다. 이란과 베네수엘라에서는 전 국민을 상대로 의료 인프라를 제공하는 주체가 국가이기 때문에, 공공 부문과의 거래 금지는 이러한 의료 기관들이 진단 키트와 의약품 등의 의료 장비와 물자를 수급하는 일에 엄청난 어려움을 겪는다는 것을 의미한다.

아레아사는 베네수엘라 정부가 제재의 영향을 받은 의료 인프라를 가지고도 코로나 바이러스의 위험에 재빨리 대응할 수 있었다며, "세계보건기구WHO를 통해 의약품과 감염 확인을 위한 진단 키트를 제공받는 것으로 봉쇄를 깨고 있다."고 말했다. WHO는 자체 재정 부족에 시달리면서도 베네수엘라와 이란에서 중요한 역할을 하기 시작했다. 그러나 WHO조차도 운송에서 제재 때문에 어려움을 겪었다. 가혹한 제재 때문에 운송 회사들이 이란과 베네수엘라로의 화물 운송을 재검토했던 것이다. 일부 항공사는 운항을 거부했고, 많은 해운사는 미국의 심기를 거스르지 않는 것을 택했다. WHO는 코로나 바이러스 진단 키트를 아랍에미리트를 통해 이란으로 반입하려 했지만, WHO의 크리스토프 하멜만이 말한 것처럼 "항공 운항 제한" 때문에 어려움을 겪었다. 결국 아랍에미리트는 진단 장비를 군용기에 실어 이란으로 보냈다.

아레아사는 이와 유사하게 베네수엘라도 "중국과 쿠바 같은 나라의 정부로부터 연대를 받았다."고 말했다. 이 지점이 중요하다. 중국은 자국 역시 코로나-19로 어려움을 겪고 있음에도 불구하고 베네수엘라와 이란에 진단 키트와 의료 장비를 공급하기 시작했다. 중국의 적극적인 대응 덕분에 중국 내 코로나-19 확산은

둔화되었다. 2021년 2월 말, 중국 홍십자회는 테헤란에 교류팀을 파견해 이란 적십월사 및 WHO 관료들과 정보를 교환했다. 또한 진단 키트와 물자를 기증했다. 중국 관료들은 지금과 같은 인도주의적 위기 시기에는 제재가 그 영향력을 상실해야 한다고 말한다. 그들은 제재를 존중하지 않을 것이다. 한편 이란에서는 코로나-19 유행 시기에 자국민을 위한 앱을 개발했지만, 구글은 앱스토어에서 이 앱을 삭제했다. 이 또한 미국 제재의 영향이다.

산업 엔지니어인 요리마르 메히아스 에스코르차는 제재 체제 때문에 베네수엘라에서 일상을 유지하는 데 많은 어려움이 있다고 말했다. 요리마르는 정부가 "가장 필요한 사람에게 의료 지원, 교육, 식료품을 제공하기 위해 지속적으로 노력하고 있다."고 말한다. 야당은 지금의 위기가 제국주의의 봉쇄 때문이 아니라 정부의 비효율에 따른 것이라고 말한다. 2021년 3월 초, 베네수엘라에서는 "제재는 범죄"라는 새로운 캠페인이 시작되었다. 요리마르는 이 캠페인을 통해 왜 물자 부족이 일어나는지, 그 핵심에 제재가 있다는 것을 사람들이 명확하게 알게 되기를 바란다고 했다.

2019년, 뉴욕 UN 본부에 모인 일단의 국가들은 미국의 일방적인 제재가 UN 헌장 위반인지를 논의했다. 이 논의의 목적은 비동맹운동을 통해 제재에 대응할 공식적인 그룹을 만드는 것이었다. 아레아사는 베네수엘라가 이 이니셔티브만이 아니라 일방주의에 대해 이란이 작성한 원칙 선언문과 러시아 관료가 뉴욕 UN 본부 방문에 필요한 비자 발급을 거부당한 것에 관한 러시아의 공식 항의에도 지지를 보낸다고 했다. 그러면서 "코로나-19로 인한 어려움을 극복하고 나면 올해 회의를 재개하기를 바란다."며 이들 국가가 다시 모여 "협력을 강화하고 행동을 구체화"할 것이라고 덧붙였다.

글로벌 팬데믹이 진행 중인 가운데에서도 50개국 이상, 그중에서도 주로 쿠바, 이란, 베네수엘라를 상대로 금수조치를 유지하는 미국은 우리가 사는 세계의 권력과 권위의 본질에 대해 무엇을 말해 주는가? 정세에 민감한 사람이라면 이러한 행위, 즉 미국이 유발하는 인위적인 죽음에서 드러나는 졸렬함에 분노를 느낄 것이다. 그렇기에 이란은 미국의 제재 문제를 국제사법재판소에 제소했다. 2020년 3월 초, 국제사법재판소는 미국이 가혹한 제재를 철회해야 한다고 판결했다. 미국 국무부 장관 마이크 폼페이오는 이에 대해 "국제사법재판소가 자신에게 관할권이 없음을 깨닫지 못한 점이 놀랍다."고 응수했다. 글로벌 팬데믹 상황에서도 감히 미국에 이래라저래라 할 수 있는 국제기구는 없다는 것이다.

법을 전쟁 무기로

브라질 노동당의 지우마 호세프 대통령이 이끄는 정부에 대한 쿠데타는 상당히 간단해 보였다. 글로보 그룹Globo Group이 주도하는 지배계급 언론은 호세프에 대한 비난을 퍼부으며 야당 세력이 정부를 마비시키도록 선동했다. 이러한 공격에도 호세프는 2014년 말 대선에서 재임에 성공했다. 이에 야당은 호세프 부패 사건을 들이대며 한발 더 나아갔다. 나중에 브라질 상원에서 공표되었듯이, 이 부패 사건에는 증거가 하나도 없었다. 그러나 호세프는 탄핵되었다. 많은 사람들이 그녀가 의회 쿠데타의 희생양이었다고 생각했다.

미군 소령 찰스 던랩은 법률 전쟁이라는 용어를 사용해 지우마 호세프 사건을 설명한다. '법을 전쟁 무기로 활용'한다는 것이다. 호세프 탄핵 후 우파가 집권했지만, 그들은 여전히 룰라가 노동당 후보로 출마하면 이길 수 없을 것이라는 두려움에 떨고 있었다. 룰라는 2003년부터 2010년까지 두 번의 대선에서 연거푸 승리하며 브라질을 이끌었다. 그는 두 번째 임기 말에 브라질 역사상 최고치인 86퍼센트의 대통령 지지율을 기록했다. 룰라 정부는 빈곤 저감 프로그램, 특히 기아 완화 조치로 세계로부터 찬사를 받았다. 볼사 파밀리아Bolsa Família, 빈곤없는브라질Bolsa Sem Miseria 등의 사회적 프로그램을 통한 소득 재분배, 신용 대출 확대, 양질의 일자리 증가라는 성과를 거두었고, 최저임금 인상을 통해 (2억 900만 명 중) 3천만 명이 빈곤에서 벗어났다. 브라질은 IMF 차관을 상환했고, 정부는 상파울루 해안의 산토스 분지에서 대규모 신규 석유 매장지를 발견했다. 여기서 생산되는 석유가 국제 사회에서 브라질의 전략적 지위를 바꿀 수 있을 것이었다.

2015년 4월, 연방 판사 세르지우 모루가 룰라의 부패 문제를 제기했다. 일은 이렇게 진행되었다. 델탄 달라뇰이 이끄는 쿠리치바 검찰청이 브라질 국영 에너지 기업 페트로브라스Petrobras 부패 사건에 관한 조사를 맡았다. 돈세탁 수사 과정에 세차[부패를 세차하듯 청산한다는 의미] 작전까지 포함되면서 수사 태스크포스는 일명 라바 자투Lava Jato(세차용 고압분사기)라고도 알려졌다. 수사 태스크포스는 미주기구와 함께 건설사 오데브레시Odebrecht 등의 용역 업체가 룰라가 소유한 것으로 추정되는 해안 아파트와 농장의 인테리어를 리모델링한 것을 밝혀냈다. 태스크포스는 이들 업체가 페트로브라스로부터 이권을 받았다고 밝혔다. 그리고 룰라가 용역 업체로부터 이득을 취하는 대신 공공 입찰 편의를 봐주었다고 주장했다. 실제로 이 모든 것은 그저 주장에 불과했으며, 검찰은 룰라가 아파트와 농장의 실소유주인지조차도 증명하지 못했다. 그들은 룰라가 용역 업체의 편의를 봐주었다는 주장 역시 입증하지 못했다. 그럼에도 룰라는 '명시되지 않은 행위'라는 이상한 혐의로 유죄 선고를 받았다. 2014년에 돈세탁과 부패 혐의로 유죄 선고를 받고 16년형을 살게 된 레오 피녜이루는 룰라에게 불리한 증언을 하는 대가로 감형을 받았다. 그러나 룰라를 상대로는 그 어떠한 물리적 증거도 제시되지 않았다.

라바 자투의 수사는 다국적기업에게는 큰 이득이 되었다. 브라질 법무부에게 시달린 항공기 제작 회사 엠브라에르Embraer는 자사를 보잉사에 매각할 수밖에 없게 되었다. 국가 개발 계획의 중추였던 페트로브라스는 석유 매장량의 75퍼센트를 브리티시페

트롤리엄BP, 로열더치쉘, 쉐브론, 중국해양석유총공사CNOOC, 엑슨모빌, 카타르국영석유해외투자자회사QPI, 스타토일 등에 팔아야 했다. 아마존 열대우림이 기업에 개방되었고, 아마존의 자원은 다국적기업의 이윤을 위해 채굴 및 판매되었다.

룰라는 대통령 선거 출마가 금지되었다. 손쉽게 대선에서 승리할 수 있는 룰라를 선거에서 제외한 것이 법률 전쟁의 결과다. 법을 이용해 좌파를 상대로 정치 쿠데타를 벌인 것이다.

2017년 미국 법무부 관료들은 룰라 사건을 제기한 모루 판사를 방문했다. 브라질 법무부 차관 케네스 블랑코는 룰라를 2018년 브라질 대선에서 제거하기 위해 미국 법무부 관료들과 "비공식 대화"를 했었다고 말했다. 2019년 3월 6일, 미국 법무부는 페트로브라스로부터 징수한 벌금의 80퍼센트를 '반부패 조사 기금'으로 브라질 검찰에 제공하겠다고 밝혔다. 이 돈을 룰라를 대선 경쟁에서 제거하느라 수고한 라바 자투 팀에게 주는 상금으로 봐도 무방하다. 2014년, 지우마 호세프는 석유 로열티 전부를 공공 의료와 교육에 투입되도록 만들었다. 그러나 이제 이 로열티는 룰라의 재선을 막은 우파 판사들에게 주는 뇌물이 되었다. 그리고 법률 전쟁의 대가로 모루는 룰라가 빠진 대선에서 승리한 자이르 보우소나루 내각에 합류했다.

룰라 탄압은 비단 룰라 개인이나 브라질만의 이야기가 아니다. 이는 지배계급과 제국주의가 민주주의의 탈을 쓰고 민중의 민주주의를 향한 열망을 꺾기 위한 시범 사례이다. 민주주의 없는 민주적 방법, 자유주의식 포템킨Potemkin[4] 마을인 것이다.

거리의 다이너마이트

　그것은 쿠데타였다. 2019년 11월 10일, 볼리비아 대통령 에보 모랄레스는 대통령직에서 사임했다. 그는 그해 10월 23일 재선에 성공해 네 번째 임기를 시작했었다. 11월 9일, 우파 민병대가 대통령궁에 침입해 모랄레스를 죽일 수 있도록 경찰이 길을 터줄 것이라는 소문이 볼리비아에 파다하게 퍼졌다. 볼리비아는 곧 긴장 상태로 빠져들었다. 모랄레스는 기자회견을 열고 재선거를 요구했으며, 의회가 새로운 선거관리위원회를 선임할 수 있다고 발표했다. 모랄레스의 정적 카를로스 메사를 위시한 지배계급 정당들은 그 제안을 거부했다. 모랄레스의 전임자였던 메사는 대선에서 모랄레스에게 패배한 후, '항구적 투쟁'을 요구했다. 이 '항구적 투쟁'은 반란으로 확대되었고, 지배계급으로 구성된 반란 세력에 경찰이 가담했다(경찰은 모랄레스가 사소한 부패까지도 원천 차단한 것에 앙심을 품었다). 모랄레스는 군이 중립을 지켰다면 대통령직을 유

4　1787년 러시아의 예카테리나 2세가 크림반도를 시찰했을 당시, 총독이자 예카테리나의 연인이었던 그리고리 포템킨 공작은 전쟁으로 피폐해진 크림반도가 번영하는 곳처럼 보이도록 강변에 가짜 마을을 세웠다. 포템킨 마을은 이 일화에서 유래된 말로, 초라한 현실을 숨기기 위해 가공의 상황을 만들어 보이는 것을 뜻한다.

지할 수 있었을 것이다. 그러나 미군으로부터 훈련 받은 윌리엄스 칼리만 장군은 모랄레스에게 사임을 요구했다. 아니, 요청이라기보다는 명령이었다. 모랄레스에게 다른 선택지는 없었다. 그는 사임해야 했다.

에보 모랄레스는 1825년 볼리비아가 건국된 이래 최초의 원주민 대통령이며, 2006년에 집권했다. 볼리비아 인구 중 3분의 2는 다양한 부족으로 구성된 토착 원주민이다. 이들은 빈곤에 허덕이는 것뿐 아니라 스페인인의 후예임을 내세우는 이들로부터 괄시당해 왔다. 모랄레스가 2005년 대선에서 압승을 거두면서 그의 사회주의운동당MAS은 원주민 공동체의 존엄 추구를 포함하는 다수 민중의 의제를 추진할 수 있었다. 2009년 제정된 신헌법에 따라 원주민 공동체의 깃발인 위팔라Wiphala가 기존 볼리비아 국기와 동등하게 인정되었다. 이 조치는 상당한 중요성을 가졌다. 군복에도 위팔라가 부착되었으며 정부 건물에도 위팔라가 게양되었기 때문이다. 볼리비아는 다민족 국가로서 자국의 원주민 유산을 더 이상 경시하지 않았다.

모랄레스는 대통령으로서 원주민 의제만이 아니라 사회주의 의제도 추진했다. 사회주의운동당은 다양한 사회, 정치 운동 세력이 만든 것으로, 원주민과 노동조합 단체도 포함되어 있었다. 모랄레스의 전임자 카를로스 메사는 가스와 수도 민영화, 볼리비아 코카 재배 부문의 붕괴로 벌어진 시위로 인해 큰 타격을 입었다. 코카 재배 농민들의 지도자였던 모랄레스는 이러한 사회운동에 뿌리를 두고 있었다. 2019년 UN 총회에서 모랄레스는 2006년 이래로 볼리비아 빈곤율이 38.2퍼센트에서 15.2퍼센트로 줄었고, 기대수명이 9년 늘어났으며, 전 국민이 문맹에서 벗어났고, 전국민 의료보험제도를 발달시켰으며, 백만 명이 넘는 여성이 토지 권리를 획득했고, 선출직 관료의 50퍼센트 이상이 여성이라고 말했다. 볼리비아가 어떻게 이 모든 것을 달성했을까? 모랄레스는 "우리의 천연자원과 전략 기업을 국유화했다. 우리는 운명을 스스로 결정하기 시작했다."라고 답했다. 화석연료와 인듐, 리튬 등의 주요 전략 광물을 포함하는 이러한 천연자원은 지난 수십 년간 다국적기업이 눈독 들였던 것들이다. 모랄레스는 수백 년간 축적된 불평등을 단 13년이라는 대통령 재임 기간에 타파했다.

모랄레스가 처음으로 대선 승리를 거두었을 당시, 베네수엘라에서 아르헨티나까지 '핑크 타이드'가 만들어졌다. 원자재 가격이 하락하자 라틴 아메리카 좌파 정부 대부분이 권력을 상실했지만, 볼리비아 민주주의를 확대하겠다는 강한 의지를 보여준 모랄레스만은 연이어 재선에 성공했다. 그러나 그는 자신을 쫓아내기를 간절히 바랐던 볼리비아 지배계급과 미국의 반대에 부딪히고 말았다. 모랄레스가 집권했을 때, 볼리비아 수도 라파즈 주재 미국 대사관에서는 그를 "불법적인 코카 선동가"라고 불렀다. 정부를 뒤흔들 계획이 즉각 시행되었다. 새로운 볼리비아 정부는 모랄레스가 '말을 잘 들을' 때까지 미국이 차관과 부채 면제 논의를 중단할 것이라는 내용을 전달받았다. 모랄레스가 주요 부문을 하나라도 국유화하거나 미국이 주도하는 반코카 정책에 역행한다면 불이익이 주어질 것이었다. 그러나 모랄레스는 미국이 원하는 충성 맹세를 하지 않았다. 사실 그는 라틴 아메리카의 좌경화를 수용했으며 쿠바, 베네수엘라와 긴밀한 관계를 형성했다.

1964년, 1970년, 1980년에 쿠데타를 겪은 볼리비아에서 그에 대한 공포는 여전하다. 미국의 영향을 많이 받은 군부는 모랄레스 축출 시나리오를 수행할 수 있도록 항시 대기 상태였다. 그러나 군은 모랄레스 개인과 사회주의운동당이 누린 엄청난 인기 때문에 행동에 나서지 못했다. 모랄레스가 추진한 사회주의 의제는 원자재 가격 하락으로 경제가 어려운 상황에서도 물가를 내리는 등 민중의 일상을 개선했다. 그가 민중과 깊은 관계를 맺고 있었고, 사회주의 의제를 성공적으로 수행하고 있었기 때문에, 반모랄레스 쿠데타는 언제나 의제로 올라왔지만 후일을 기약해야만 했다.

2019년 10월 20일 대선까지 가는 길은 매우 험난했다. 모랄레스는 네 번째 연임을 시도하고 있었기에, 사법부의 승인을 필요로 했다. 볼리비아 대법원은 2017년 11월 모랄레스가 또 대선에 참여할 수 있다고 판결 내렸다. 그리고 이 선거에서 모랄레스는 카를로스 메사를 상대로 10퍼센트 포인트 차이의 승리를 거두었다. 이는 1차 투표에서 승리하기에 충분한 조건이었다. 메사는 결과에 승복하지 않았다. 정치적으로 매우 변질되고 미국의 영향을 많이 받은 미주기구가 선거 모니터링단을 파견했고, 이 모니터링단은 예비 보고서에서 표 계수 과정에서 부정이 발생했다고 발표했다. 미주기구의 주장은 모두 "투표 마감 후 중간 개표 결과 현황에 급격하고 설명하기 어려운 변화가 나타났다."고 말하는 것에 기반했다. 그러나 미주기구는 자신의 주장에 대한 증거를 제시하지 않았다. 경제정책연구센터는 선거 부정이 없었으며 미주기구의 주장에는 근거가 없다고 밝혔다. 2020년 2월, 반모랄레스 쿠데타가 일어난 지 한참 지나서야 MIT의 두 연구자가 선거 부정에 관한 그 어떠한 증거도 찾아내지 못했음을 밝혔다. 미주기구는 이에 관해 해당 연구자뿐만 아니라 그 누구에게도 대응하지 않았다. 그럼에도 주요 미국 관료와 볼리비아 지배계급은 미주기구의 주장을 이용했고, 선거 결과를 무효화하려 했다. 우파는 바로 이 주장에 기대어 자신의 지지 세력에게 거리로 몰려나오라고 선동했고, 경찰은 항명을 결정했다. 쿠데타 과정에서 정당성을 주는 것이야말로 미주기구와 미국 정부의 주요한 역할이었다.

2007년 7월, 주 볼리비아 미국 대사 필립 골드버그는 워싱턴에 전문을 보내 미국 광산 기업이 대사관에 찾아와 볼리비아 투자 환경을 물어보았음을 알렸다. 골드버그는 광산 기업 현황이 좋지 않다고 생각했다. 알바로 가르시아 리네라 부통령과의 만남을 주선해 줄 수 있겠느냐는 질문에 그는 "안타깝게도 거리의 다이너마이트 없이는 우리 대사관이나 국제 광산 기업이 부통령 면담이라는 이 최소한의 목표를 달성할 수 있을지 장담하기 어렵다."고 답했다. '거리의 다이너마이트'라는 표현에 주목해야 한다. 1년 후, 모랄레스는 산타클라라 시위를 지원했다는 이유로 골드버그를

볼리비아에서 추방했다. 10년 후, 그 '다이너마이트'가 모랄레스를
대통령직에서 끌어내렸다.

우리는 민중과 삶을 믿는다

대부분 좌파 또는 다양한 운동 세력 출신인, 위대한 시인 수백
명이 라틴 아메리카에서 배출된 것은 우연이 아니다. 그들의 시는
우리의 상상력을 확장하고, 투쟁 속에서 용기를 북돋워 주며, 미
래를 향한 한 줄기 빛을 비추기 위해 필요했다. 이러한 시인 가운
데 오토 레네 카스티요(1934-1967)라는 과테말라의 거룩한 목소리
가 있다. 카스티요는 늘 공책을 들고 과테말라 정글을 누비며 과
테말라저항군과 함께 총을 들고 싸웠다. 동시대의 민중이 반혁명
전쟁을 극복하리라는 그의 신념은 시를 통해 형상화되었다.

한평생 투쟁하며 살아온 사람에게

가장 아름다운 것이란

우리는 민중과 삶을 믿었고,

삶과 민중은

우리를 절대 실망시키지 않았노라

최후에 이야기하는 것이다.

Lo más hermoso

para los que han combatido

su vida entera,

es llegar al final y decir:

creíamos en el hombre y la vida

y la vida y el hombre

jamás nos defraudaron.

카스티요는 동지 노라 파이스 카르카모(1944-1967)와 함께 1967년 3월 사카파Zacapa에 있는 막사로 잡혀가 고문을 당하고 산 채로 불태워졌다. 군은 그들을 포함해 농민 13명을 살해하고 저항군 유니폼을 입혀 시신을 방치했다. 전투 중에 사망한 것처럼 보이게 하려는 수작이었다(이는 오늘날 콜롬비아에서도 활용되고 있다). 전투 따위는 일어난 적이 없었다. 15명 모두 라스팔마스 군 기지에서 학살되었다. 이런 짓거리가 쿠데타 진영의 작태이다. 민중의 영혼을 강탈해 자신들에게 머리를 조아리고 일하는 좀비로 만들고, 이들의 귀중한 노동으로 경제라는 독재자를 위한 자본을 축적하는 것, 그들이 원하는 것은 바로 이것이다.

참고 자료

이런 종류의 책은 방대한 참고 자료를 바탕으로 한다. 게다가 평생에 걸친 사회운동과 독서도 탄탄하게 뒷받침되어야 한다. 글을 쓰면서 참고한 책과 글을 전부 나열하면 책의 두께가 두 배는 더 두꺼워질 것이기에, 이 부분은 다음의 글로 갈음하고자 한다. 나는 지난 수십여 년간 다양한 형태로 좌파 운동에 참여했고, 제국주의의 범죄 행위에 반대하는 활동을 했으며, 이러한 내용을 다룬 여러 가지 소책자와 뉴스 기사를 읽었다. 글의 주제로 삼은 활동에 직접적으로 참여하는 것만큼이나 작가에게 명료함을 가져다주는 것은 없을 것이다. 한 발 떨어져서 바라보는 것도 물론 유용하지만, 그런 이유로 잘못된 관점을 가지고 머리로만 생각하게 될 수도 있기 때문이다.

지금까지도 잊을 수 없는 나의 첫 정치 활동의 기억은 1983년 미국의 그레나다 침공과 관련되어 있다. 인구 10만이 채 되지 않는 카리브해의 작은 섬나라 그레나다는 뉴주얼운동을 통해 자신들만의 사회주의를 실험하고 있었다. 미국 정부는 뉴주얼운동과 그 운동의 지도자 모리스 비숍이 이끄는 정부에 쿠바가 개입했다는 이야기를 비교적 신속하게 날조해 기업 언론에 뿌렸다. 쿠바가 개입했다는 말은 아마도 사실이었겠지만, 미국의 언론 공작은 사실 여부를 가리는 것이 아니라 공산주의, 쿠바 및 소련의 개입을 엮어서 뉴주얼운동의 평판을 떨어트리는 것을 핵심 목표로 했다. 미국은 이 시기 중앙아메리카, 카리브해 국가에서 일어난 모든 혁명 투쟁에 이와 같은 짓을 벌였다. 미국은 공산주의라는 유령을 들먹이며 이 지역에서 가장 졸렬한, 학살을 일삼는 우파를 지지하는 것을 정당화했다. 내가 가장 처음 신문(모교 대안신문 〈더 서클〉)에 기고한 글은 바로 이런 미국의 그레나다 침공을 다룬 에세이였다.

언론이 역사의 초고를 쓴다는 일반적 사실은 모든 일반적 사실이 그러하듯, 부분적으로만 옳다. 그리고 이는 제국주의 하에서는 완전히 허구이다. 서구의 기업 언론, 그리고 이를 모방하는 다른 나라의 언론은, 그들도 또한 역사의 당사자이기 때문에 역사의 초고를 쓸 자격이 없다. 그들은 CIA 같은 제국주의 기관이 불러 주는 대로 기사를 쓰고, 약간의 진실을 포함하는 이야기를 생산한다. 그러나 거의 모든 경우 이러한 담론은 실체적 사실에 근거하지 않고, 서구의 입맛에 맞게 프레임이 짜여 있다. 1979년 혁명 이후 그레나다를 다룬 언론 기사를 보면 미국 정부의 속기록을 보는 듯하다. 일례로 1979년 8월 20일, 〈뉴욕타임스〉는 "급진적인 그레나다는 카리브해 정치 지형의 변화를 상징한다."라는 제하의 기사를 내보냈다. 이 기사는 미주 대륙부 부차관보 존 A. 부시넬이 말한 내용을 두 문단에 걸쳐 인용하는 것을 중심으로 전개된다. 부시넬은 미국 정부가 "쿠바가 카리브해에서 영향력을 확장하려는 어떤 큰 계획을 가지고 움직인다고는 생각하지 않는다."면서도, "최근 그레나다에서의 일과 더불어, 아마도 쿠바의 자극을 받은 젊은 급진주의자와 급진주의 운동이 카리브해에서 하나로 모이고 있는 것 같다."고 말했다. 또한, 쿠바가 "혁명의 후원자"이며, "급진 정권을 지원"하고 있다고 했다. 그러나 이 기사는 비숍 정부의 계획을 구체적으로 제시한다거나 그레나다 정부의 입장을 반영하지 않았다. 또한 다른 미래를 바라는 그레나다 민중의 실험에 대해서도 제대로 서술하지 않았다.

뉴주얼운동 진영에서 발행한 신문과 모리스 비숍의 연설문은 뉴주얼운동의 관점을 보기 위한 매우 귀중한 자료였다. 비숍은 작은 섬나라 그레나다가 직면한 문제를 대놓고 이야기했고, 민중이 진정으로 권력을 획득했을 때 무엇이 가능한지에 관해 발전적인 비전을 제시했다(비숍의 연설문은 《모리스 비숍 연설집Maurice Bishop Speaks》(1983)을 참고하라). 그레나다 혁명을 사회주의적으로 기술하기 위해서는 정부 기록(1973-1983)과 혁명 정부를 수립한 인물들이 남긴 말을 토대로 역사의 초고가 작성되어야 한다. 이러한 자료는 혁명이 자신의 목소리를 낼 수 있게 한다. 반면 반反혁명과 같은 혁명은 스스로의 논리에 빠져 맹목적이 될 수 있다. 그렇기에 좌파의 비판이 혁명 과정에서 소중한 길잡이 역할을 하는 것이다. 인터넷이 없던 시절에는 좌파에서 나온 자료를 찾기가 어려워서 기업 언론의 비방에 휩쓸리기 쉬웠다. 그러나 그런 시절에도 미주커뮤니케이션및행동을위한에큐메니컬프로그램EPICA과 트랜스아프리카TransAfrica 같은 연대 플랫폼은 언제나 존재했다. 이들은 회원들을 위해 신문 기사 스크랩이나 각종 문서를 모아 소식지와 회보 등을 제공했다. 이러한 출판물들은 뉴주얼운동 같은 실험에 연대하고 제국주의의 장난질에 분노하는 좌파 사이에서 유통되는 일종의 필수 정보 잡지였고, 《워싱턴 불렛》 같은 책을 집필하는 데 핵심적인 역할을 해 주었다.

1983년 미국은 그레나다를 침공해 뉴주얼운동을 섬멸했다.

수사 저널리즘을 추구하는 비영리단체 미국 안보기록보존소는 2012년이 되어서야 주로 미국 국무부에서 작성된 그레나다 관련 문서 226건을 확보해 공개했다. 이를 통해 치열한 연구자들은 미국 정부가 모리스 비숍 정부를 상대로 어떻게 하이브리드 전쟁을 수행했는지, 그리고 침공을 위한 조건을 어떻게 만들었는지에 관한 이야기의 조각들을 맞추어 볼 수 있게 되었다. 해당 문서를 자세히 읽다 보면 쿠바와 소련이 그레나다에 개입할 가능성에 대해 미국 정부가 얼마나 집착했는지, 그러한 집착이 어떻게 로널드 레이건 행정부를 움직여 뉴주얼운동을 상대로 부정적 정책을 시행하게 했는지를 알 수 있다. 이렇게 사건이 끝나고 수십 년 뒤에나 빛을 보는 보물 같은 기밀문서야말로 진짜 역사의 초고라 하겠다. 이 책은 그러한 문서와 CIA 온라인문서보관소나 미국 안보기록보존소에 공개된 국무부 및 CIA 자료, 또는 전직 국무부 공무원이나 CIA 요원, 대통령의 개인적인 문서를 참고했다. 이 문서 자료를 다 읽어 보는 데에도 많은 노력이 들었지만, 꼼꼼하게 읽는 법을 배우는 데 더욱 엄청난 노력을 기울였다. 문서에 쓰인 내용을 있는 그대로 다 믿을 수가 없었기 때문이다. 지난 수년간 전직 CIA 요원이나 국무부 공무원들을 인터뷰하며 알게 된 것은, 문서 작성자가 커리어를 위해 내용을 과장하는 경우가 매우 많다는 것이었다. 그렇기에 세심하게 주의를 기울여 정보를 가려 내야 했다.

회고하는 것만큼 귀중한 것은 없다. 그리고 자서전이나 회고록, 학문적 노력을 통해 최고 형태의 회고가 이루어지는 경우가 많다. 모리스 비숍은 살해당했고, 미국 대사이자 핵심 인물인 밀란 비쉬 역시 사망했기에 당사자의 회고를 기대하기는 어려울 테지만, 그럼에도 바베이도스 케이브힐에 위치한 웨스트인디스 대학교 교수인 웬디 그레나데는 2015년 《그레나다 혁명: 성찰과 교훈The Grenada Revolution: Reflections and Lessons》이라는 책을 편집했다. 이 책은 그레나다 부총리이자 비숍의 체포를 주도한 (비숍의 죽음은 여전히 수수께끼에 싸여 있다.) 버나드 코어드와의 인터뷰, 혁명에 참여했던 학자 브리앙 믹스와 팻시 루이스가 쓴 에세이 등으로 구성되어 있다. 그레나데가 편집한 것과 같은 종류의 책은 혁명에 참여했던 인물이 혁명의 맥락을 자신의 언어로 설명하고 돌아볼 수 있는 기회를 줌과 동시에 뉴주얼운동을 상대로 한 쿠데타의 본질을 평가할 수 있게 한다. 여러분이 방금 읽은 이 책과 같은 서적은 이렇게 방대한 양의 중요한 2차 문헌을 읽어야만 집필이 가능하다. 미국이 총탄을 쏘게 만드는 민족해방 혁명을 개략적으로 이해하는 최선의 방법은 자료를 읽는 것이기 때문이다.

이 책을 집필하는 과정에서 척 코간, 라파엘 퀸테로, 타일러 드

럼헬러 같은 전직 CIA 요원과의 대화는 그 무엇보다도 유용했다. 존 스톡웰의 《적을 찾아서In Search of Enemies》(1978)는 자신이 한 일에 양심의 가책을 느끼고 이를 고백하기 위해 쓴 책이다. 스톡웰은 비숍이 살해당하기 직전에 그레나다에 배치되어 있었다. 그는 트리니다드로 갔다가 감기에 걸리는 바람에 뉴주얼운동이 파괴당하는 중요한 순간에는 뒤로 빠져 있었다. 스톡웰은 미국이 그레나다를 침공했을 당시, 레이건 대통령이 "나는 논쟁을 좋아하네. 논쟁을 하면 나 자신이 이상적이라 생각하는 지도자처럼 보이기 때문이지."라면서 그레나다에 끼치는 쿠바의 영향력을 과장하고 이로써 미국의 개입을 정당화했다고 말했다. 스톡웰은 이를 너무나 잘 알고 있었다. 이렇게 스톡웰이나 척 코간 같은 사람들의 이야기가 없었다면 이 책을 쓸 수 없었을 것이다. 척은 생전 매사추세츠 케임브리지에 있는 레스토랑에서 몇 번이나 나를 만나 1979-1984년이라는 중요한 시기에 CIA 작전본부에서 자신이 어떤 일을 했는지 설명해 주었다. 당시 나는 1979년 미국 대사 아돌프 덥스가 카불에서 암살된 사건에 주목하고 있었다. 척은 내게 "그 건은 건들지 마라. 너무 위험하다."라고 말했다. 그러나 그가 해 준 다른 이야기 덕분에 나는 또 다른 미국발 재앙에 눈을 돌리게 되었다. 이 책에는 그렇게 내가 만난 사람들, 즉 과거에 더러운 일을 했고 그것에 대해 말하는 것을 너무나도 싫어했지만, 세계를 엉망으로 만드는 데 일조했던 자신의 삶이 마지막을 향해 감에 따라 이러한 이야기를 풀어낼 만큼 솔직한 이들의 통찰이 많이 포함되어 있다.

감사의 말

트리컨티넨탈: 사회연구소 식구들의 열정과 헌신이 없었다면 이 책은 탄생하지 못했을 것이다. 레나타 포르토 부그니Renata Porto Bugni, 호세 세오아네Jose Seoane, 안드레 카르도소André Cardoso, 스루자나 보다파티Srujana Bodapati, 리처드 피트하우스Richard Pithouse, 아이자즈 아흐마드Aijaz Ahmad, P. 사이나트P. Sainath, 셀리나 델라 크로세Celina della Croce, 아흐메트 토나크Ahmet Tonak, 팅스 착Tings Chak, 잉그리드 코스타 N. R. 기마랑이스Ingrid Costa N. R. Guimarães, 가사네 코우미야Ghassane Koumiya, 필라 트로야 페르난데즈Pilar Troya Fernández, 마르코 페르난데즈Marco Fernández, 마리아 벨렌 로카 파미치Maria Belén Roca Pamich, 에밀리아노 로페즈Emiliano López, 아드리안 풀레리오Adrián Pullerio, 루치아나 발부에나Luciana Balbuena, P. 암베드카르P. Ambedkar, 수빈 데니스Subin Dennis, 사타루파 차크라바르티Satarupa Chakrabarty, 우메쉬 야다브Umesh Yadav, 크리스티안 가나카Cristiane Ganaka, 올리비아 카롤리나 피레스Olivia Carolina Pires, 레베카 겐들러Rebecca Gendler, 루이즈 펠리페 알부케르케Luiz Felipe Albuquerque, 논토베코 흘레라Nontobeko Hlela, 음웰렐라 셀리Mwelela Cele 등 연구소 식구들은 나에게 항상 지적인 자극을 주는 존재들로, 지면을 빌어 감사를 전한다. 우리 연구소 웹사이트thetricontinental.org에서 연구 내용과 우리가 하고자 하는 일을 더욱 자세히 찾아볼 수 있다.

이 책은 세계민중총회 주관으로 일주일 동안 벌어지는 집회인 반제국주의 주간antiimperialistweek.org/en/을 준비하는 과정의 일환으로 제작되었다. 많은 힘을 주었던 총회 사무처의 파올라 에스트라다 Paola Estrada, 지오바니 델 프레테Giovani del Prete, 조 피구에로아Jo Figueroa 에 감사의 마음을 표한다. 또한 브라질 무토지 농민운동의 주앙 페 드로 스테질리João Pedro Stédile와 네우리 로세토Neuri Rosseto, 모로코 정 당 민주의길Annahaj Addimocrati의 압달라 엘 하리프Abdallah El Harif, 아르헨 티나 위대한조국해방전선Frente Patria Grande의 마누엘 베르톨디Manuel Bertoldi에게도 책을 서둘러 완성하도록 격려해 준 것에 고맙다는 말 을 전한다.

또한 나의 글쓰기 작업에 언제나 에너지를 불어넣어 주는 나 의 가족과 친구들, 특히 소니 프라샤드Soni Prashad, 로시 사무엘Rosy Samuel, 브린다 카라트Brinda Karat, 라디카 로이Radhika Roy, 프라노이 로이 Prannoy Roy, 엘리자베스 암스트롱Elisabeth Armstrong, 잘리아 마야Zalia Maya, 로자 마야Rosa Maya, 쇼날리 보세Shonali Bose, 수바시니 알리Subhashini Ali, 조디 에반스Jodie Evans, 로이 싱함Roy Singham, 마놀로 엔리케 데 로스 산토스Manolo Enrique De Los Santos, 바쉬나 자가르나트Vashna Jagarnath, 조 조Jojo, 라니Rani, 릴라Leela에게 진심으로 감사의 마음을 보낸다. 이 책 을 꼼꼼하게 편집했고, 책을 쓰는 과정에서 행복을 전파해 준 나 와 똑 닮은 수단바 데쉬반데Sudhanva Deshpande 동지에게도 감사를 전 한다. 또한 우리의 책을 출판하는 일에 헌신적으로 노력하는 레프 트워드북스의 우수한 팀원들, 최종 검토 작업을 해 준 나지프 몰라

Nazeef Mollah, 수벤두 말릭Suvendu Mallick, 푸르바샤 사르카Purbasha Sarkar, 스리나스 후세인Sreenath Hussain, Md. 샤히드 안사리 Md. Shahid Ansari, 마노지 쿠마르Manoj Kumar, D. 라젠드라 쿠마르D. Rajendra Kumar에게도 고마움을 전한다.

이 책을 위해 멋진 서문을 작성해 준 에보 모랄레스 아이마 볼리비아 대통령과 핑크 플로이드의 로저 워터스에게도 특별히 감사드린다.

마지막으로 집필 과정에서 내용에 대해 아낌없이 조언을 해 주신 프라카시 카라트에게 이 책을 바친다.

튀니지 보우피차에서,

2020년 2월 13일

감수의 말

지금도 세계는 투쟁하고 있다. 얼마 전의 미얀마 민주화 시위 역시 세계를 뒤흔들었다. 시위 지도자 중 한 명인 '리틀 판다' 웨이 모 나잉은 군부의 정치 개입을 허용하고 있는 미얀마 헌법을 불태 우며 군부 쿠데타에 대한 저항운동을 이끌어 갔다. 그러던 중 리 틀 판다가 군부에 의해 고문을 당한 사진이 공개됐다. 아마 전 세 계 사람들은 모두가 비슷한 생각을 했을 것이다. "수많은 나라에 관여했던 미국은 왜 어떤 개입도, 아무 말도 없는 것인가?"

미국의 정치 체제는 양당제로 늘 정권 교체가 일상처럼 반복 된다. 부시에서 클린턴, 그리고 다시 아들 부시, 다시 오바마에서 트럼프, 그리고 바이든으로 권력은 교체되었으나 세계 사람들 입 장에서 변한 것은 하나도 없다. 결국 워싱턴 불렛은 오늘도 변함 없이 또 누군가를 겨누고 있다. 《워싱턴 불렛》에서 비자이 프라샤 드는 이 사실을 너무나 담담하게 기록하고 있다.

자신의 의도와는 상관없이 어떤 일이 일어났을 때, 권력은 이 를 자신의 의도에 꿰맞추기 위해 이데올로기를 만드는 일부터 시 작한다. 수많은 언론과 미디어를 동원한다. 심지어는 조작된 공 작 사건을 과감하게 일으킨다. 이렇게 사건이 일어나자마자 민중 은 진실에서 멀어진다. 그래서 폭로가 가지는 힘은 매우 중요하다. 힘 없는 사람들이 힘 있는 사람을 향해서 하는 첫 번째 저항 행동은 바로 정치 폭로이다. 《워싱턴 불렛》은 진실을 폭로하는 일이 가지는 힘을 여실히 보여준다.

본문에서는 "왜 미국에서는 쿠데타가 일어나지 않을까?"라는 질문에 "미국에는 미국 대사관이 없기 때문"이라고 답한다. 워싱턴 불렛은 늘 민주주의가 시작되는 한 점으로 날아왔다. '절망'에서 '희망'이 시작되는 시공간은 늘 타깃이 되었다. 《워싱턴 불렛》은 그 날것의 현장을 그대로 묘사한다. '정권 교체 매뉴얼'에서는 그 매뉴얼을 학생들에게 강의하는 교사처럼 상세히 알려 준다. 한마디로 치가 떨리는 장면의 연속이다.

한국에게도 미국은 특별한 존재다. 미국이 제국주의 국가라는 것을 증명하는 데 특별한 설명은 필요 없다. 특히 한국을 향했던 워싱턴 불렛의 역사는 이 책에서 다루는 역사와 너무나 닮아 있다. 본문에서 언급된 광주 항쟁에 개입했던 미국뿐 아니라 해방 후 미군정, 한국전쟁, 1980년 쿠데타와 신군부의 등장에서 보듯 한국 역시 예외는 아니었다는 것을 새삼 알게 된다. 미국에게 한국이 특별한 존재가 아니라는 것을 쉽게 알게 된다.

그동안 국제전략센터는 이 책의 저자인 비자이 프라샤드가 대표로 있는 트리컨티넨탈 사회연구소의 기사를 꾸준히 번역해 한국의 독자에게 알려 왔다. 이런 활동을 본 두번째테제 출판사가 센터로 보낸 메일 한 통으로 인연이 시작되어 이번 번역 작업에 참여하게 되었다. 그동안 미국 제국주의가 주류 언론과 미디어를 동원해 은폐하고 왜곡해 온 개입과 침략의 역사를 알리는 데 힘을 보태게 된 것이 이 번역 작업에서 무엇보다도 큰 의미였다.

국제전략센터 번역팀은 한국 독자들을 위해 쉬운 문장을 선택하고, 각주와 연표 작성에 힘을 기울였다. 한국 독자들에게는 낯선 해외 사례의 등장으로 책 읽기가 중단되지 않기를 바랐기 때문이다. 그런데 각주와 연표 작성을 완성한 순간 우리는 100년이 훨씬 넘는 기간 미국이 국제 범죄를 밥 먹듯 일상에서, 치졸하게, 반복적으로 일으켰는지를 치떨리게 확인하고 또 확인했다. 한 해도 쉬지않고 이어진 미국의 범죄 리스트를 보는 것 같았다. 본문의 분노를 넘어서 새로운 분노가 생기는 순간이었다.

한국의 독자들에게 낯선 해외 사례는 해외 사례라 낯선 것이 아니라 워싱턴 불렛이 그만큼 세계적으로 알려지지 않았기 때문일 것이다. 《워싱턴 불렛》에 소개된 범죄가 독자 한 사람에게라도 더 많이 폭로되고 알려지길 바란다.

끝으로 한국 시민들에게 이 글을 소개할 수 있게 해 준 심태은 번역가, 함께해 준 국제전략센터 송대한, 이재오, 황정은 님, 한글 감수를 맡아 주신 오장록, 김종민 님께 감사의 인사를 전한다.

국제전략센터

워싱턴 불렛이 남긴 상흔 — 연대기

1823	미국이 아메리카 대륙의 최고 권력임을 천명한 먼로 독트린 발표.
1909	니카라과 대통령 호세 산토스 셀라야 축출.
1912	미국 해병대, 니카라과에서 일어난 메나 반란을 구실로 니카라과 주둔(1933 년까지).
1915	아이티의 친미 독재자 장 빌브린 기욤 샘에 반대하는 대중 봉기 발생. 이후 포르토프랭스에서 기욤 샘이 사망한 것을 구실로 미국에서 해병대 파병(1934년까지 주둔).
1945. 8	히로시마와 나가사키에 원폭 투하.
1946	미 점령군, 일본 조기 선거에 개입. 극우 세력(자유당)과 자유주의 세력(민주당)의 연정으로 사회주의자에 대적(선거 개입은 1947, 1949, 1952년에도 진행됨).
1947	모든 수단을 동원해 소련의 영향력과 공산주의 확산을 저지·통제하기 위한 트루먼 독트린 발표.
1950	CIA, 세계문화자유회의를 설립해 전 세계의 좌파 성향 지식인에게 반공 시각을 퍼트림.
1953	CIA, 심리전의 일환으로 과테말라 공산주의 세력 지도자에게 한 달간 매일같이 '살인 예고장' 발송.
1953. 8	CIA, 이란의 민주적 지도자 모하마드 모사데그 총리 실각시킴. 이란에서 미국이 선동한 쿠데타 발생.
1954	CIA, 과테말라 대통령 하코보 아르벤스를 몰아내기 위해 비밀 작전 PB 포춘 개발. 미국이 선동한 쿠데타로 하코보 아르벤스 축출. 미국 베트남 전쟁(1975년까지).

1961	CIA, 피그스만(쿠바) 침공 실패. 파트리스 루뭄바 콩고 총리 암살. 가이아나의 인민진보당 지도자 체디 자간 총리를 몰아내기 위해 미국노동연맹-산별노조협의회AFL-CIO와 긴밀하게 협력해 자유노조협회, 자유노동발전연구소 등 다양한 위장 단체 결성.
1962. 1	미국, 미주기구에 압력을 가해 쿠바의 회원 자격을 정지시킴.
1962. 5	페트로 달러의 지원을 받고 CIA가 뒷받침한 무슬림세계연맹 결성.
1962. 7	미국 해병대, 라오스의 공산주의 세력 파테트 라오와 1961년부터 무장투쟁을 시작한 태국공산당을 약화시키려는 목적으로 태국 도착.
1963	압둘 카림 카심 이라크 총리 축출.
1964	브라질 대통령 주앙 굴라르 축출. 미주기구가 쿠바에 제재를 가하도록 압력을 가하고 모든 회원국이 이 제재를 따를 것을 요구.
1965	도미니카공화국 침략. 인도네시아 공산주의자 학살. 인도네시아 대통령 수카르노 축출.
1965. 3	미국 해병대 3,500명 베트남 상륙. 10월부터 좌파 및 좌파 지도자 학살하기 시작.
1967	미국 정부와 동맹국, 남베트남에서 피닉스 프로그램 진행. 현지 지배계급과 군부를 부추겨 좌파를 완전히 살육.
1970. 9	미국 대통령 리처드 닉슨과 국가안보보좌관 헨리 키신저, 아옌데 정부 집권을 막기 위해 가능한 모든 수단 사용 승인. CIA, 퓨벨트 프로젝트로 칠레의 안정을 무너뜨리는 일에 착수.
1971	볼리비아 대통령 후안 호세 토레스 축출.
1973. 9	칠레 대통령 살바도르 아옌데 쿠데타로 사망.
1975	볼리비아의 독재자 후안 페레다 아스분, CIA와 밀접한 협력 관계를 통해 해방신학을 직접 공격하는 '반세르 계획'을 수립 시행.
1976	아르헨티나부터 파라과이까지 군사정권과 함께 콘도르 작전 시행. 남미에서 공산주의자 납치, 고문, 살인 자행. IMF 관료, 자이르(현 콩고) 정부에 통화 가치를 42퍼센트 평가절하할 것을 요구. 소비자 물가 5배 상승, 실질 소비 지출 3분의 1 감소.
1977	리마 선언 이후 민간 금융기관에 압력을 가해 페루의 대출이 중지됨. 연간 13,000퍼센트 수준의 하이퍼 인플레이션 발생.
1980. 5	전두환 정권, 광주에서 군의 무력 사용을 허가.
1980. 9	터키군의 쿠데타 허가.

1982	멕시코의 호세 로페스 포르티요 정부(1976-1982) IMF와 구조조정 협약 체결 후 정부 통제 불능 상태에 빠져 파산.
1989	파나마 침공.
1990. 8	이라크군의 쿠웨이트 침공. 미국은 사우디 아라비아 국왕에게 이라크군이 사우디 아라비아 국경에 있는 것처럼 조작된 위성사진을 보여주고 미국의 모든 전쟁 무기가 아라비아반도 걸프 수역에 배치될 수 있게 함. 제재의 기틀이 된 결의안 661호(1990년 8월) 미국의 압력으로 UN에서 통과됨.
1995	미국 국방부 차관보 조지프 나이 , 전략 문서 〈미국의 동아시아·태평양 지역 안보 전략〉 작성. 미국 의회, USAID가 아이티 정부에 자금을 제공하는 것을 금지하고, 미국의 의제를 추진할 수 있는 NGO만 지원하도록 함.
1996	CIA 국장, '불량국가' 4개국(이란, 이라크, 북한, 리비아)을 선정한 보고서를 상원에 제출.
2003	이라크 침공.
2005	시리아책임법과 2011년부터 개시한 시리아 전쟁을 통해 이란과 시리아 관계를 약화시키려 함. 볼리비아에서 모랄레스가 집권할 경우 정부를 뒤흔들 계획(차관과 부채 면제 논의 중단 압박)이 즉각 시행됨.
2006	이스라엘, 레바논 공격으로 레바논 정치 세력 헤즈볼라 파괴 시도. 이란 원자력에너지 프로그램에 관한 위기 날조. UN, EU, 미국이 대이란 경제 제재 조치를 시행하도록 함.
2010	오키나와 미군 기지에 대해 강경 발언한 신임 하토야마 유키오 총리 미국의 끊임없는 압박으로 미국이 원하는 합의안에 서명하고 사임.
2011	리비아 공격.
2012	CIA, 기관 내 및 주요 미국 정부 부처에 〈오키나와 미군 기지 정치를 이해하기 위한 거대서사적 접근〉이라는 기밀문서 회람.
2017	베네수엘라 금융 시장 제재.
2017	미국적대세력통합제재법(CAATSA) 통과. 이란, 러시아, 북한에 대한 제재를 더욱 강화. 미국 법무부 차관 케네스 블랑코, 법무부 관료들이 2018년 브라질 대선에서 룰라를 제거하기 위해 "비공식 대화"를 했다고 밝힘.

2018. 11	일방적인 대이란 제재를 쇄신해 미국 외 기관에 대한 '세컨더리 보이콧(3자 제재)'를 포함시킴.
2019. 1	베네수엘라 마두로 정부에 대한 공개 쿠데타 감행.
2019	볼리비아 대통령 에보 모랄레스 축출.

이 책에 등장하는 주요 인명 목록

가말 압델 나세르 (1918-1970) : 전 이집트 대통령. 정치인, 혁명가.

가브리엘 가르시아 마르케스 (1927-2014) : 콜롬비아의 소설가.

가파르 니메이리 (1930-2009) : 전 수단 대통령. 1969년 군사 쿠데타로 집권.

고다마 요시오 (1911-1984) : 일본 극우 운동가. CIA 요원.

굴부딘 헤크마티아르 (1947-) : 아프가니스탄 정치인. 무자헤딘 지도자.

기시 노부스케 (1896-1987) : 일본 우익 정치인.

김경원 (1936-2012) : 한국 외교관, 정치인. 전두환 비서실장.

김일성 (1912-1994) : 조선민주주의인민공화국 주석.

너새니얼 데이비스 : 미국 외교관. 주 칠레 미국 대사(1971-1973).

니카노르 파라 (1914-2018) : 칠레의 시인. 물리학자.

니콜라스 마두로 (1962-) : 베네수엘라 대통령.

대니얼 벨 (1919-2011) : 미국 사회학자.

댄 미트리온 (1920-1970) : 미국 고문기술자. CIA 고문관으로 활동.

덩샤오핑 (1904-1997) : 중국인민정치협상회의 주석(1978-1983), 중앙군사위원회 주석 (1981-1989).

데단 키마시Dedan Kimathi (1920-1957) : 영국령 케냐의 독립운동가. 마우 마우 봉기 지도자.

데이비드 바렛 : 미국의 군인, 외교관. 중국 및 대만에서 활동.

델탄 달라뇰 : 브라질 검사. 전 브라질 대통령 룰라를 부패 혐의로 기소함.

도널드 트럼프 (1946-) : 미국 45대 대통령(공화당).

드와이트 D. 아이젠하워 (1890-1969) : 미국 34대 대통령(공화당).

딕 체니 (1941-) : 미국 46대 부통령(공화당, 대통령 조지 W. 부시).

딘 애치슨 (1893-1971) : 미국 51대 국무장관(민주당, 대통령 해리 S. 트루먼).

라울 세드라스 (1949-) : 아이티의 군인. 1991년 아이티 쿠데타 주도.

라인하르트 겔렌 (1902-1979) : 나치 정보 장교. 냉전기 겔렌 조직 및 서독 정보부 수장.

라파엘 트루히요 (1891-1961) : 도미니카공화국 37대 대통령. 1961년 암살당함.

러디어드 키플링 (1865-1936) : 영국 소설가, 시인.

로널드 레이건 (1911-2004) : 미국 40대 대통령(공화당).

로버트 게이츠 : CIA 국장(1991-1993).

로버트 와그너 : 미국 연방 상원의원(1927-1949).

로베르토 바리오스 페냐 : 과테말라의 군인(대령). 과테말라 쿠데타의 주요 인물.

로베르트 비오 : 칠레의 장군. 1970년 르네 슈나이더 장군 암살.

로이 헨더슨 : 주 이란 미국 대사(1951-1954). 1953년 반모사데그 쿠데타 지원.

루스 퍼스트 (1925-1982) : 남아프리카공화국 언론인, 정치인.

루이스 이나시우 룰라 다 시우바 : 브라질 35대 대통령(2006년 재선, 2003-2010).

루틸리오 그란데 : 예수회 신부, 1977년 엘살바도르에서 암살당함.

르네 슈나이더 : 칠레의 군인. 1970년 암살당함.

리처드 닉슨 (1913-1994) : 미국 37대 대통령(공화당).

리처드 레만 : 미국 국가정보위원회 위원장(1979-1981).

리처드 헬름스 : CIA 국장(1966-1973).

리처드 비셀 : CIA 기획부장(존 F. 케네디 대통령 재임 시기). 피그스만 침공 기획.

린든 B. 존슨 (1908-1973) : 미국 36대 대통령(민주당).

링컨 고든 : 주 브라질 미국 대사(1961-1966).

마누엘 노리에가 (1934-2017) : 파나마의 독재자(1983-1989 집권).

마르티 아티사리 (1937-) : 핀란드 10대 대통령. 정치인, 외교관.

마크 바쟁 (1932-2010) : 아이티 전 대통령. 아이티 총리 및 세계은행, UN 관료.

마리아 빌라노바 (1915-2009) : 과테말라 대통령 하코보 아르벤스의 부인.

마셜 그린 : 미국 외교관. 인도네시아, 한국 등 동아시아에서 활동.

마이크 폼페이오 : 전 미국 국무장관(2018-2021).

마오쩌둥 (1893-1976) : 중국의 혁명가, 정치인. 중화인민공화국 주석.

마크 트웨인 (1835-1910) : 미국의 소설가.

마키노 노부아키 (1861-1949) : 일본 정치인, 외교관.

매들린 올브라이트 : 전 미국 국무장관(1997-2001).

메흐디 벤 바르카 (1920-1965) : 모로코의 정치인. 1965년 프랑스 파리에서 실종됨.

모리스 비숍 (1944-1983) : 그레나다의 혁명가. 그레나다 인민 정부 수반.

모하마드 나지불라 (1947-1996) : 아프가니스탄 7대 대통령(1987-1992).

모하마드 모사데그 (1882-1967) : 이란 62대 총리. 1953년 쿠데타로 실각.

무아마르 알 카다피 (1942-2011) : 리비아의 군인, 정치가.

무카미 키마시 : 데단 키마시의 부인. 마우 마우 봉기 운동가.

미겔 데 라 마드리드 (1934-2012) : 멕시코 59대 대통령.

미겔 데스코토 브로크먼 (1933-2017) : 니카라과 외교관. UN 총회 의장(2008-2009).

미세레 무고 (1942-) : 케냐의 작가. 마우 마우 봉기 지도자.

버락 오바마 (1961-) : 미국 44대 대통령(민주당).

베르타 카세레스 (1971-2016) : 온두라스의 환경운동가.

보리스 옐친 (1931-2007) : 러시아연방의 초대 대통령(1991-1999).

블레즈 콩파오레 (1951-) : 부르키나파소의 독재자. 쿠데타로 토마 상카라 살해.

빌 클린턴 (1946-) : 미국 42대 대통령(1993-2001).

사담 후세인 (1937-2006) : 이라크의 정치인 독재자. 5대 대통령.(1979-2003).

사릿 타나랏 (1908-1963) : 태국의 군인 겸 정치인(총리).

살바도르 아옌데 (1908-1973) : 칠레 28대대통령(1970-1973). 쿠데타로 살해당함.

샤를마뉴 마세나 페랄테 (1886-1919) : 아이티의 민족주의 지도자.

세라피노 로무알디 (1900-1967) : 이탈리아 작가, 노동조합 활동가.

세르지우 모루 : 브라질 연방 판사.

수카르노 (1901-1970) : 인도네시아의 독립운동가. 초대 대통령(1945-1967).

스트로브 탤벗 : 미국 국무부 특별 자문관(클린턴 대통령), 미국 브루킹스연구소 소장.

스티븐 므누신 : 전 미국 재무부 장관(트럼프 대통령 시기).

아나스타시오 소모사 (1896-1956) : 니카라과 대통령(1937-1947, 1950-1956), 독재자.

아낙 아궁 바구스 수테자 (1923-1966?) : 인도네시아의 독립운동가. 발리 주지사로 재직

중 공산주의자 동조자로 몰려 살해된 것으로 추정.

아돌프 덥스 (1920-1979) : 미국 외교관. 주 아프가니스탄 대사로 재직 중 납치 살해됨.

아밀카르 카브랄 (1924-1973) : 기니비사우의 초대 대통령. 암살당함.

아불 파즐 이븐 무바락 (1551-1602) : 무굴제국 수상. 아크바르 황제의 전기 작성.

아서 험멜 (1920-2001) : 미국 외교관. 주 파키스탄 대사(1977-1981).

아야톨라 아불 가셈 카샤니 (1882-1962) : 이란 정치인. 이슬람 민족주의자.

아우구스트 세사르 산디노 (1895-1934) : 니카라과의 혁명가. 암살당함.

아우구스토 피노체트 (1915-2006) : 칠레의 독재자. 1973년 군사 쿠데타를 일으킴.

아크바르 (1542-1605) : 무굴제국의 3대 황제(1556-1605).

안드레스 셀릭 촘 : 볼리비아의 군인, 외교관. 체 게바라를 처형함. 1973년 암살당함.

알란 가르시아 (1949-2019) : 페루 53, 57대 대통령(1985-1990, 2006-2011).

알로이스 후달 (1885-1963) : 로마 가톨릭 바티칸 주재 오스트리아 주교. 나치 전범
도피와 연루.

알바로 가르시아 리네라 : 볼리비아의 정치인. 에보 모랄레스 대통령 시기 부통령.

알베르토 후지모리 : 페루 54대 대통령(1990-2000).

알치데 데 가스페리 (1881-1954) : 이탈리아 총리(1954).

알폰소 로페즈 트루히요 (1935-2008) : 로마 가톨릭 콜롬비아 추기경.

압델 칼릭 마줍 (1927-1971) : 수단공산당 비서. 쿠데타 세력에 처형당함.

압둘라 1세 (1882-1951) : 요르단의 왕. 암살당함.

압둘 카림 카심 (1914-1963) : 이라크의 군인. 1958년 쿠데타로 이라크 왕국 전복.

야니스 바루파키스 : 그리스의 경제학자. 그리스 시리자 정부의 재무장관.

앨런 덜레스 (1893-1969) : CIA 국장(1953-1961).

앨버트 베버리지 (1862-1927) : 미국의 정치인, 사학자.

얼 워런 (1891-1974) : 법조인, 정치인. 미국 14대 연방대법원장(1953-1969).

에드워드 버네이스 (1891-1995) : PR 및 선전 전문가. 과테말라 쿠데타 조종.

에르난 몬손 아기레 (1912-1981) : 과테말라의 군인, 1954년 쿠데타 후 군사회의 수장.

에메 세제르 (1913-2008) : 프랑스령 마르티니크 출신 사상가.

에보 모랄레스 아이마 (1959-) : 볼리비아 최초의 원주민 출신 대통령(2006-2019).

에프라인 리오스 몬트 (1926-2018) : 과테말라의 군부 독재자. 1982년 쿠데타로 학살 자행.

오스발도 도르티코스 토라도 (1919-1983) : 쿠바 16대 대통령(1959-1976).

오스카 로메로 (1917-1980) : 엘살바도르 대주교, 미사 중 암살당함. 2018년 시복.

오카다 가쓰야 : 일본 외무상(2009-2010).

오타 마사히데 (1925-2017) : 일본 오키나와 지사(1990-1998). 미군 기지 반대 활동가.

오토 레네 카스티요 (1934-1967) : 과테말라의 혁명가, 시인.

오를란도 레텔리에르 (1932-1976) : 칠레의 경제학자, 정치인, 자동차 폭탄 테러로 암살.

요한 바오로 2세 (1920-2005) : 로마 가톨릭 264대 교황(1978-2005).

우고 반세르 (1926-2002) : 볼리비아의 군인 출신 독재자, 대통령(1971-1978, 1997-2001).

우드로 윌슨 (1856-1924) : 미국 28대 대통령(민주당).

우스만 셈벤 (1923-2007) : 세네갈의 영화감독. "아프리카 영화의 아버지."

월터 베델 스미스 (1895-1961) : 미국의 군인, 중앙정보부, CIA 국장.

윈스턴 처칠 (1874-1965) : 영국의 총리(1940-1945, 1951-1955).

윌리엄 글라이스틴 : 미국의 외교관, 주한 미국 대사(1978-1981).

윌리엄 모리스 휴즈 (1862-1952) : 호주 7대 총리(1915-1923).

윌리엄 섀프터 (1835-1906) : 미국의 군인.

윌리엄스 칼리만 : 볼리비아의 군인.

윌리엄 콜비 (1920-1996) : CIA 국장(1973-1976).

응구기 와 티옹오 : 케냐의 작가.

이언 스미스 (1919-2007) : 로디지아 백인 정부의 총리.

이언 헨더슨 : 영국 식민지 경찰. 케냐 마우 마우 봉기 진압.

인디라 간디 (1917-1984) : 인도의 총리(1966-1977, 1980-1984).

인디오 나보리 (1922-2005) : 쿠바의 시인.

자이르 보우소나루 : 브라질 38대 대통령.

장 베르트랑 아리스티드 (1953-) : 아이티의 대통령(1991, 1993-1994, 1994-1996, 2001, 2004).

장 빌브룬 기욤 샘 (1859-1915) : 아이티 24대 대통령(1915). 암살당함.

장쩌민 (1926-) : 중국공산당 중앙위원회 7대 총서기 겸 5대 주석(1993-2003).

전두환 (1931-2021) : 대한민국의 군인, 독재자.

제이 러브스톤 (1897-1990) : 전 미국공산당 지도자. 1929년 이후 반공산주의 활동.

제이콥 스미스 (1840-1918) : 미국의 군인. 필리핀 미국 전쟁에서 잔학 행위를 저지름.

제임스 둘리틀 (1896-1993) : 미국의 군인.

제임스 먼로 (1758-1831) : 미국 5대 대통령(민주공화당). 먼로 독트린으로 유명하다.

제임스 베이커 (1930-) : 전 미국 국무장관(레이건 대통령).

제임스 포크 (1795-1849) : 미국 11대 대통령(민주당).

조 매카시 (1908-1957) : 미국의 정치인. 매카시즘으로 유명하다.

조지 C. 마셜(1880-1959) : 미국의 군인, 정치인.

조지 F. 케넌 (1904-2005) : 미국의 외교관, 정치인.

조지 H. W. 부시 (1924-2018) : 미국 41대 대통령(공화당).

조지 W. 부시 (1946-) : 미국 43대 대통령(공화당).

조지프 나이 : 미국의 정치 관료. 정치학자.

존 F. 케네디 (1917-1963) : 미국 35대 대통령(민주당).

존 도이치 : CIA 17대 국장(1995-1996).

존 메이너드 케인스 경 (1883-1946) : 영국의 경제학자.

존 퓨리포이 : 미국의 외교관. 과테말라, 그리스, 태국 주재 대사.

조지 맥거번 (1922-2012) : 미국의 정치인.

조지 패드모어 (1903-1959) : 트리니다드 출신 언론인, 작가.

존 무어스 캐벗 (1901-1981) : 미국의 외교관.

존 볼턴 : 트럼프 미국 대통령 시기 국가안보보좌관(2018-2019).

존 웨스트레이크J (1828-1913) : 영국의 법학자.

존 포스터 딜레스 (1888-1959) : 미국의 정치인. 52대 국무장관(아이젠하워 대통령).

존 코닐리 (1917-1993) : 미국의 정치인.

존 플레이페어 프라이스 (1905-1988) : 영국의 외교관.

주앙 굴라르 (1919-1976) : 브라질 24대 대통령(1961-1964). 쿠데타로 실각.

즈비그뉴 브레진스키 (1928-2017) : 미국의 정치학자, 정치인.

지미 카터 (1924-) : 미국 39대 대통령(민주당).

무함마드 지아울하크 (1924-1988) : 파키스탄의 군인, 1977년 쿠데타를 일으킴.

파키스탄 6대 대통령(1978-1988).

지우마 호세프 (1947-) : 브라질 36대 대통령(2011-2016).

찰스 테일러 (1948-) : 라이베리아의 군인, 독재자.

체 게바라 (1928-1967) : 아르헨티나 출신 혁명가. 쿠바 혁명의 주역.

체디 자간 (1918-1997) : 가이아나의 정치인. 가이아나 4대 대통령(1992-1997).

슈크리 벨라이드 (1964-2013) : 튀니지의 정치인. 암살당함.

카를로스 메사 (1953-) : 볼리비아 78대 대통령(2003-2005).

카를로스 카스티요 아르마스 (1914-1957) : 과테말라의 군인. 28대 대통령(1954-1957).

1954년 쿠데타로 정권을 잡았으며, 1957년 암살당함.

카를로스 프라츠 (1915-1974) : 칠레의 군인, 정치인. 1974년 차량 폭탄 테러로 암살당함.

카셈 솔레이마니 (1957-2020) : 이란의 군인. 알쿠드스 지휘관.

칼릭스토 가르시아 (1836-1898) : 쿠바의 군인.

칼 포퍼 (1902-1994) : 오스트리아 출신 영국 철학자.

커트 보니것 (1922-2007) : 미국의 작가

케난 에브렌 (1917-2015) : 터키의 군인, 7대 대통령(1980-1989). 쿠데타로 정권을 잡음.

콘스탄티노스 찰다리스 (1884-1970) : 그리스의 정치인. 총리(1947).

콰메 은크루마 (1909-1972) : 가나 1대 대통령(1960-1966). 흑인민족주의 이론가.

클라우스 바르비 (1913-1991) : 나치 친위대 대위. 미국 정보부 공작원.

키스 샨 경 (1917-1988) : 호주 외교관. 주 인도네시아 호주 대사(1962-1966).

토마 상카라 (1949-1987) : 부르키나파소의 군인, 5대 대통령(1983-1987).

투르구트 외잘 (1927-1993) : 터키 8대 대통령(1989-1993).

요시프 브로즈 '티토' (1892-1980) : 유고슬라비아의 정치인, 대통령. 비동맹운동 지도자.

파우스토 굴로 (1887-1974) : 이탈리아의 정치인.

파이살 빈 압둘아지즈 알사우드 (1906-1975) : 사우디아라비아의 3대 군주(1964-1975).

파즐롤라 자헤디 (1897-1963) : 이란의 군인, 정치인. 1953년 군부 쿠데타 주도.

파트리스 루뭄바 (1925-1961) : 콩고민주공화국의 독립운동가, 정치인.

팻 로버트슨 : 미국 종교인. 기독교 근본주의자.

포브스 번햄 (1923-1985) : 가이아나의 정치인. 총리 및 대통령(1980-1985) 역임.

폴 니츠 (1907-2004) : 미국의 군인, 안보 전략가.

폴 라마디에 (1888-1961) : 프랑스의 정치인. 제4공화국 초대 총리.

프란시스코 모랄레스 베르무데스 세루티 (1921-) : 페루의 군인, 115대 대통령(1975-1980).

프랑수아 뒤발리에 (1907-1971) : 아이티의 독재자. 대통령(1964-1971).

프랭크 위스너 (1909-1965) : CIA 창립자 중 하나로 1950년대 활약.

프랭클린 루스벨트 (1882-1945) : 미국 32대 대통령(민주당).

프레더릭 잭슨 터너 (1861-1932) : 미국의 역사학자.

프레드 빈슨 (1890-1953) : 미국의 정치인, 연방 대법원장(1946-1953).

프린스 존슨 : 라이베리아의 군인, 반군 지도자, 정치인.

피델 카스트로 (1926-2016) : 쿠바의 혁명가, 정치인, 국가평의회 의장(1976-2008).

필립 골드버그 : 주 볼리비아 미국 대사

필립 아지 : 전 CIA 요원. CIA 공작 폭로.

하셈 알아타 (1936-1971) : 수단의 군인, 정치인. 1971년 쿠데타에 실패해 처형당함.

하코보 아르벤스 (1913-1971) : 과테말라 25대 대통령(1951-1954).

하토야마 유키오 (1947-) : 일본의 정치인. 93대 내각총리대신.

하토야마 이치로 (1883-1959) : 일본의 정치인. 52, 53, 54대 내각총리대신.

해럴드 홀트 (1908-1967?) : 호주 17대 총리(1966-1967). 1967년 실종.

해리 덱스터 화이트 (1892-1948) : 미국 재무부 관료. 브레턴우즈 회의 미국 담당자.

헨리 모겐소 (1856-1946) : 미국의 재무장관.

헨리 캐벗 로지 (1902-1985) : 미국의 정치인.

헨리 키신저 (1923-) : 미국의 정치인, 외교관. 56대 국무장관.

호르헤 가이탄 (1903-1948) : 콜롬비아의 정치인. 사회주의 지도자. 암살당함.

호르헤 아레아사 (1973-) : 베네수엘라의 부통령.

호르헤 우비코 (1878-1946) : 과테말라 21대 대통령(1931-1944).

호세 로페즈 포르티요 (1920-2004) : 멕시코 58대 대통령(1976-1982).

호세 마누엘 포르투니 (1916-2005) : 과테말라의 공산주의 지도자.

호세 산토스 셀라야 (1853-1919) : 니카라과 대통령(1893-1909).

호찌민 (1890-1969) : 베트남의 공산주의 혁명가, 독립운동가. 초대 국가 주석.

호타마리오 아르벨라에스 : 콜롬비아 시인.

후안 과이도 (1983-) : 베네수엘라 국회의장. 마두로와 대립.

후안 데 마리아나 (1536-1624) : 스페인 예수회 사제, 역사가.

후안 보쉬 (1909-2001) : 도미니카공화국 정치인, 역사가. 대통령 역임(1963).

후안 페레다 아스분 (1931-2012) : 볼리비아의 군인, 52대 대통령(1978).

후안 호세 토레스 (1920-1976) : 볼리비아의 군인, 사회주의 정치인, 50대 대통령(1970-1971).